占星学V.S.科学

上田享矢 著

国書刊行会

はじめに

私たちが聴いている音楽や味わっている芸術作品は、本当に形のない曖昧《あいまい》なものなのだろうか。私たちが普段、ウォークマンやステレオやコンサートで酔いしれるその感動は、時と共に移ろいゆくはかない生理的錯覚に過ぎないのだろうか。

私たちは普段、さまざまな形の芸術作品やその他の感覚的な事がらに関わって生活している。それらすべてのものは、現在までのところ十把一からげに「主観的なもの」として、科学的理論と分けへだてられている。そして、さらにこれらは「主観的なもの」であるがゆえに、「曖昧なもの」という烙印を押されているのが実情だ。しかし、本当に主観的なものは、イコール曖昧なものなのだろうか。現代の私たちの多くが、この烙印に疑問を持っている。もしそれが本当であるとするなら、つきつめて言うと、芸術作品はすべて普遍性のない一時の娯楽だということになってしまうからだ。実際、多くの人々が、芸術作品が私たちの日常の時代的・文化的背景を超えた普遍性を持っているということに、漠然と感づいている。それらは、一時の社会風潮や流行にとらわれない人間の内面の本質を具体的に表現していると考えられる。

現代人は一般に、「科学で解明できないものは客観的に存在してはいない」という認識を持っている。しかし一方で、芸術作品は科学では解明できないものでありながら、一つの秩序に従って客観的に存在している。そう考えると、芸術への美意識もまた客観的に存在することは、自明の理なのである。音楽における古典派からロマン派への発展、ビートルズのロック・ミュージック革命、そして絵画における印象派の登場等々……、過去二世紀の間に、私たちは芸術の価値に対してさまざまな確信を積み上げてきた。過去の学者たちが得ることのできなかったこうした豊富な芸術の情報が、現代の私たちには与えられている。西洋占星学は、一般に現在世間から思われているような「占い」ではない。人間の主観を客観的に証明する緻密な体系である。

本書第一部第二章では、この芸術的美意識をさまざまな音楽作品を通じて西洋占星学的に分析し、それによって人間の美意識と西洋占星学の体系が現実に結びついていることを、誰もが感覚的に分かるように実証する。たとえば、十二サインは三区分の分類で活動・定着・変移に分けられるのだが、これは音楽作品のリズムにはっきりと現われてくる。また、クラシック音楽においては、交響曲作家はみな射手座など火や地のサインで、オペラ作家は風のサインばかりである。そして、ビートルズのメッセージ性・抽象性は、風のサインの感性の現われだということも分かってくる。音楽のリズム・メロディー・形式・主題までもが、西洋占星学によって、これまでのどの評論形式よりも明確に説明ができるのだ。今までの西洋占星学の解説は、単なる現実の個々の事件との照合であったり、一部の特殊な例を自説に都合のよいように説明したりする際どいものが多かったのだが、ここでは近代以後の音楽史全般を網羅し、誰にでも実感できるように解説する。

第一部第三章では、感覚的なものだけでなく、人間の論理的思考体系もまた西洋占星学と合致することを、哲学者のデータを通じて確認する。これは第二章の論理的補強に当たる。こうして第一部では、今まで誰もはっきりと語ることがなかった西洋占星学による価値観が客観的に存在していることを明らかにする。西洋占星学は、既存の科学とはまったく異なる理論体系であるため、その正当性は科学的方法では立証しにくいのだが、このように芸術などを用いた方法ならば、立証が可能なのである。

第二部第一章では、それらをもとに西洋占星学と心理学との関係を明らかにする。ここは、概念的には一番難解なところである。分かりにくいと感じる方は、読み流して第二章へと進んでも分かるように書かれている。近年、西洋占星学研究では、ユング心理学などとの照合・研究が盛んだが、この二者の根本的な違いを明らかにする。心理学は、原理的には科学と同じ方法でデータを分析するが、一方、西洋占星学は、包括的な概念を一つ一つのサインや用語の中に内包し、また人間の美意識や芸術の分析に欠かせない「形式感」という考え方に対応している。西洋占星学は、これらの点で非常にユニークな体系で、美意識の研究には有効性が高い。この「形式感」を構造的に説明することで、西洋占星学のより深い部分を探る。

第二部第二章は、ある科学者と西洋占星学研究家の対話の記録である。西洋占星学への一般の人々からの素朴な疑問および科学者からの質問に、論理的に答えている。西洋占星学に対する一般の科学者たちの批判の稚拙さと、今までの科学・心理学による人間の主観の分析の方法論の問題点を明らかにし、西洋占星学の正当性を証明する。テーマは、時間論・血液型・複雑系・クローニングなどの先端科学技術などとの関係にも及び、西洋占星学が単に科学的視点から弁護されるという以上に、より広い論理体系の中でそれが明らかにされた記録である。

本書の目的は、西洋占星学の正当性を明らかにすることによって、来たる二十一世紀に向けて、人間の主観に対する新しい認識を開くことである。私たちは、「科学教」の時代から合理的に脱却しなければならない。私たちの聴いている音楽、私たちの味わっている芸術作品は、そして私たちの感じている美ないし愛は、本当に形のない曖昧なものなのだろうか——読者の皆さんは、この筆者の問いかけへの解答を、どうか探り当てていただきたい。

占星学V.S.科学／目次

イントロダクション

西洋占星学とは、「占い」というよりも、「美意識」を一つの頂点とする人間の「主観」というものを解き明かす緻密な体系の一種である。私自身、占いにはかつて何の興味もなかったが、少なくとも西洋占星学については、芸術家の感性と照らし合わせると、疑いようもない明確な一致点が浮かび上がってくることに気がついた。そのときは、驚いたというよりも、人間の「主観」というものが確かに客観的な側面を持っているということを、改めて認識させられた気がした。人気という多数決主義をいたずらに軽んずるわけではないが、いいものは確かにいいのだ。芸術作品としての音楽、そこには一定の客観的な価値（基準）というものが存在していてもおかしくはないはずである。西洋占星学は、その一面をうかがわせてくれるに十分なものである

もう十数年前のこと、たまたまスピーカーから流れていたレッド・ツェッペリンの「アキレス最後の戦い」が中間部のギター・ソロにさしかかった時のことだった。私は今までの心のもやもやが一気に晴れる気分を体験した。――イーグルスの音楽はカリフォルニアを思わせるのに、どうしてビートルズの音楽はリヴァプールを想像させないのか。クラシックの作曲家は、どうして交響曲型とオペラ・協奏曲型に分かれるのか。太宰治はその作風とは対照的に、どうして明るく快活な人物だったのか。こうした頭の中に溜まりに溜まっていた人間の美意識への謎が、一気に解き明かされたからだった。

「アキレス最後の戦い」のギター・ソロと、それに伴うダダダダッ、ダダダダッというたたみかけるようなリ

ズムは、確かに作曲者でギタリストのジミー・ペイジの特質である。それは、多くのロック・ファンにとって自明のことである。西洋占星学では、十二サイン（＝十二星座）は四区分の分類であるエレメント（火・風・地・水）のほかに、三区分の分類のクォリティ（活動・定着・変移）に分けることができる。ジミー・ペイジは山羊座である。そして、クォリティは活動である。そして確かに、私の知るところの活動宮の作曲家は、ロックの分野以外、たとえばクラシックにおいても、同じ勢いを持っていた（そのとき私が思い浮かべたのはヴェルディだった）。これはむろん、作品のテンポの問題ではない。一つ一つの音が発せられた時、その音がリズムを作り出すその勢いの問題である。私のこの初体験は、今考えてみると、それはレッド・ツェッペリンでなくともよかったのだろう。ビートルズでもモーツァルトでもブルックナーでも、モディリアーニでも北斎でもよかったのだ。

こうして、私は西洋占星学にのめり込んでいった。こうした実感は、決して偶然の一致を含んだ共通点の集積がもたらす事実関係に対する確信でもなければ、突然舞い降りた個人的体験としての霊感でもなかった。芸術に対する理解の積み重ねが生んだ一つの平凡で当然の帰結であって、それは「海の色と空の色が似ているな」「炎の色と血の色も似ているな」と思っていた原始の人間が初めて「色」という概念を見つけた時と同じ実感だったのではなかったか。ただ、人類がこの色というものが、光の屈折の仕方で科学的に分析できると知るのは、ずっと後のことであった。それが私の場合、この西洋占星学という美意識の分類の発見は、すなわち同時にそれが地球から見た天空の天体の動きの科学的測定値と一致するということを知ることでもあったのだから、色を発見した人よりはかなり衝撃が強かったことになるだろう。

「美意識は客観的に存在する」――この議論は、いまだに科学者たちの間でタブーとなっているのではないか。芸術作品は確かに一定の価値観を持っているのに、それは体系的に分析できないからだ（中には「いつの日か芸術も科学の力で造り出せる」などという、自分の知識への身のほど知らずの科学者もいるにはいるが、そのような教養人として問題外の非論理的輩に対する理論的な批判は後の章に回そう)。もちろん、対位法とか遠近法とかといった技法はあるし、ロマン派とかラファエロ前派といった分類も存在する。しかし、芸術における技法がいくら卓越していても、それだけでは作品に息吹は吹き込まれないし、芸術の分類も結局のところ、文化と時代の変遷との対応関係をその元としている。したがって、高い技術を駆使したつまらない音楽は無数存在するし、また仮にここで誰かがクレーとベートーヴェンが似ていると言っても、その批評は一種の随筆的アナロジーの域を出るとは見なされないのである。しかしながら、それでも芸術の分析自体は可能なのである。そして、作品は疑いようのない実感を持ってそこに存在している。科学の分野からの芸術へのアプローチは、ある意味で、宗教へのアプローチよりも難しいのである。というのも、たとえば芸術に代表される究極の美意識を含むエロス(感覚的な愛)は、究極の宗教感情を代表するアガペー(無償の愛)よりも、ある意味で不条理だからである。生存と子孫を残すことを目標とするとも仮定ができる生物についての学問では、アガペーよりもエロスのほうがなお不可解である。その価値観は、十九世紀以後のヨーロッパを中心とした芸術への価値観の樹立によって決定的なものとなった。

「本物は平凡で誰も褒めやしないが、その本物をいかにも本物らしく描くと褒められる。絵画とはなんと空しい職業だろう」と言ったパスカルの言葉は、小林秀雄の『近代絵画』の冒頭でも当時の絵画への意識の例として引用されているが、今私たちにとって重要なのは、パスカルほどの頭脳の持ち主でも後の芸術作品の豊饒な到来は露ほども予測できなかったということである。では、パスカルは現代科学のこの進歩については予測し得たであろうか?――これほどまでに急速に発展するとは分からないまでも、多かれ少なかれ、芸術作品よりは予測し得たであろう。パスカルの時代から見れば、現在の我々は美意識の認識については長足の進歩を遂げている。誰も安易に「モーツァルトなどつまらない」とは言わないし、「ピカソは落書きだ」とも思わない。これは、過去二世紀の我々の芸術体験が勝ち得た確信である。優れた芸術作品の台頭により、現在、実は主観的な分野において最も過激な価値転換が行われつつある。それはもう半ば行われてしまっているのに、誰も頭のほうがついて来ないというのが現状ではないだろうか。神にも、生殖行為にも、日々の生活の便宜にも関わらないが、確かに存在している芸術作品への価値観——それが美意識だとするならば、我々の愛の問題がますます混乱の相を呈するのも無理からぬことである。

「いいものはいい」——この単純な真理を、捉えどころのない芸術作品というフィルターを通した時、あなたはどのように肯定できるだろうか。かつてから多くの哲学者が、たとえばシェリングが、そしてカントが、最後のところで明確にできなかった人間の美意識の客観性の問題は、十九世紀以後の芸術作品の豊富な誕生によって、否定できない形で確立された。「最近の若者はオカルト好きだ」と批判めいた調子で言う大人たちは、若者たちが生々しく感じている（芸術を含む）主観的と言われるものへの強い確信を、理解していない。要するに、完全に認識不足である。現在の若者たちが生まれ、物心ついた時、そこにはすでに科学によってもたらされた物質文明が確固とした形であり、その環境の中にいる彼らは、それを作り上げてきた世代よりも、はるかにはっきりと、そこに不足するものを体感しているのである。外国人に聞くのも結構だが、こと物質文明の問題については、若者に聞くに限る。

「あなたは占星術を信じますか?」'Do you believe astrology?'——日本語でも英語でも、西洋占星学に対して「信じる」という意味の言葉を使うことに変わりはない。言葉の厳密な意味で考えれば、よほど熱狂的な占いファンでもない限り、現代人であればこの質問には一瞬躊躇するのではないだろうか。とりあえず「信じる」「信じない」という言い方しか選択肢がないということ自体、一つの文化的暴力である。私自身は「信じているのではありません。研究しているのです」と答えることになる。それを素直に理解してくれる人ばかりではない。「なんだ、結局信じてるんじゃないか」とニヤッと笑う人もいる。

一方、「あなたは科学を信じますか?」という表現の響きは、かなり違っている。真顔で「はい」と答える人も多いだろう。科学の何を信じるのだろうか。周囲から疎まれ、度重なる実験の失敗と私生活の犠牲もものともしないほどのポリシーを持った「気違い博士」であれば別だが、一般にはそれが科学であっても「信じる」というのはおかしな話である。科学は信じるものではなく、疑うものだからだ。「科学を信じる」というのは、大抵の場合「現代人一般のコンセンサスを信じます」という以上のものではあるまい。そのくらい、現代では「科学教」が浸透しているのである。

信じることの最大の問題点は、ちょうどどこかの狂信的な新宗教の行動からも分かるように、自分の信じる体系に含まれないものをやみくもに否定することにある。「ありえない」という言い方は難しい。私たちが人間という肉体を持った生物である以上、「ある」と意識できる知覚認識の範囲や量といったものは限られているからである。つまり、信じるという行為と「絶対ありえない」と断言する行為は、実は同じ一つの信仰から生まれるのである。ほんの百年ほど前には、フランスのある科学者のグループが「機械が空を飛行することは科学的に不可能である」と結論を出していたという記事を読んだことがある。この「科学教」の人々の「結論」は、実際に空を飛んでみせた実践者たちによってたやすく覆されたことになる。主観というもの、美意識というものについても、これと同様の道を歩みつつある。芸術の価値観は科学的に証明されなくとも、そこに厳然として存在している。この価値観と直接体系的に結びついた理論は、今まで発見されなかった。そして今、私たちの目の前に提出されたのが、ほかでもない西洋占星学なのである。

私としては、遂に美意識が客観的な現実に根を下ろしているということを証明する時が来たと考えている。芸術作品の客観性の証明、それが古来から人類が付き合ってきた西洋占星学によってなされるということは、皮肉というか、ちょっと間の抜けた話である。そして、それはまた人間の主観が客観的に存在するという証明が、天文暦という、ひとつの時間の尺度によって証明されうるのだ、ということも示すことになる。

いいものはいい。それならば、それは客観的に存在しているはずだ——機は熟したのである。

第一部　芸術と西洋占星学

第一章　新しい西洋占星学——芸術との接点

この章と続く章では、実際の音楽作品を取り上げながら、西洋占星学の妥当性を検証してみたい。実際、音楽でなくとも、美術や文学によっても検証は可能であるし、筆者にはその準備も整っている。しかし、いたずらに範囲を広げるよりも、一つの分野から理解していただくほうが近道だと考え、まず音楽作品を取り上げ、その後に哲学者による検証を、さらなる裏づけの形で付け足すことにした。

まずは、次ページの**表1**をご覧いただきたい。占いを少しでもかじったことのある方なら、見たことがあると思うが、それに筆者の調べた簡単な作曲家のデータと分析を加えてある。

十二サインは、主に二区分・三区分・四区分に分けられる。

表中の作曲家は、あくまで代表例として捉えていただきたい。

各サイン名の後の日付は、毎年、太陽がそのサインを通過する時の大まかな日付である。一般に「牡羊座の人」と言われるのは、正確には「太陽が牡羊座の位置にあった時に生まれた人」というだけの意味でしかない。本来、ホロスコープは現代なら最低でも十個の惑星で判断する（太陽・月も、西洋占星学では便宜上、惑星と呼ぶ）。つまり、太陽が牡羊座にあっても月や金星が別のサインにあれば、ほかの牡羊座の人に比べて、その人の帯びる性質はかなり異なったものになってしまうということだ。一般に世間で知られているのは、天文暦の知識がない人にも分かりやすい、太陽による占いである。太陽は一年で黄道上を一周するので、天文暦を使わなくて

（表1）

エレメント ＼ クォリティ		**活動**（活動的） たたみかけるリズム	**定着**（頑固・安定） リズムが先行しない	**変移**（移り気・変化） 弾むようなリズム
プラス・男性 スッキリした構成力と思想	**火**（意志的） 交響曲 パフォーマンス性・反骨的精神	**牡羊座**　3／21〜4／20 バッハ E・クラプトン 小沢健二・吉田拓郎	**獅子座**　7／24〜8／23 ドビュッシー ミック・ジャガー 吉川晃司・久保田利伸	**射手座**　11／23〜12／22 ベートーヴェン ジミ・ヘンドリックス 尾崎豊・HIDE
	風（理知的） オペラ・協奏曲 抽象性・メッセージ性	**天秤座**　9／24〜10／23 ヴェルディ ジョン・レノン KAN・谷村有美	**水瓶座**　1／21〜2／18 モーツァルト フィル・コリンズ 布袋寅泰・福山雅治	**双子座**　5／22〜6／21 ワーグナー P・マッカートニー 角松敏生・筒美京平
マイナス・女性 言葉にならない情緒と豊饒	**地**（物質的） 分野を選ばない・交響曲ほか 環境音楽的・現実	**山羊座**　12／23〜1／20 ペルゴレージ ジミー・ペイジ 浜田省吾・江口洋介	**牡牛座**　4／21〜5／21 チャイコフスキー ビリー・ジョエル 槇原敬之・奥田民生	**乙女座**　8／24〜9／23 ドヴォルザーク マイケル・ジャクソン 井上陽水・矢沢永吉
	水（情緒的） ソロ音楽・独唱曲・ オペレッタ・ムード・バラード	**蟹座**　6／22〜7／23 マーラー ブライアン・メイ 杉山清貴・藤井フミヤ	**蠍座**　10／24〜11／22 ビゼー ニール・ヤング 中西圭三・つんく	**魚座**　2／19〜3／20 ショパン ジェームズ・テイラー 桑田佳祐・中島みゆき

も、すぐにその位置が分かるからだ。ほかの惑星の説明も、一応ここに挙げておく。

太　陽……体質・本質　　月　……気質・指向性
水　星……知的構造　　金　星……女性像・美意識
火　星……男性像・攻撃性　　木　星……拡張と楽観・幸福感
土　星……緊張と抑制　　天王星……突発性・機転・発明
海王星……曖昧さ・ムード　　冥王星……性的情念・抑圧感情

伝統的な占星術では、太陽から火星までの五つの惑星が特に個人のパーソナリティーを示すとされる。一方、それに続く木星は幸運、土星は不運といった未来予知の際の傾向が表わされるのが普通で、美意識の研究においては直接関係がないとされることが多いが、私の研究では、木星なども美意識に大きく影響を与えているというデータが出ている。そのため、これらも含め、残りの五つの惑星についても触れておいた。

しかしながら、ここで用いるのは、とりあえず太陽と月とに抑えたい。この二つだけでも、かなりのことが分かるからだ。月は見かけ上の動きの速い天体で、一か月たたないうちに黄道上を一周する。毎年この日付にはどのサインにいるということもないので、天文暦の参照が必要である。たとえば、太陽が水瓶座で月が射手座の人（モーツァルトなど）は、水瓶座と射手座の性質の混合だと思っていただければよい。

音楽のリズムの問題と同時に、私が最初に西洋占星学と芸術作品の関係に明確に気がついたのは、クラシック作曲家の分類においてだった。彼らは、オペラ・協奏曲・交響詩が得意な者と、これらが不得手で交響曲や室内楽が得意な者とに、大きく二分できる。前者はモーツァルト、ワグナー、R・シュトラウス、ヴェルディらであり、後者はベートーヴェン、ブラームス、ブルックナーなどである。そして、これは実に西洋占星学の概念で捉えると、前者は「風（air）」と呼ばれる三サイン、後者は「火（fire）」と呼ばれる同じく三つのサインの影響を強く受けていることが分かった。西洋占星学では、このほかに分類としては「地（earth）」と「水（water）」があり、全部で西洋占星学の十二サインを四分している概念である。

表1の説明をすると、上に「エレメント（element）」とあるのが、いわゆる「火」「風」「地」「水」の区分である。同じ風の仲間であれば、互いに仲がいいことになり、また同じ男性サインである火のサインとも、まあまあいいことになる。これは音楽的には、その作品の質や形式のようなものに深く関わってくる。また右側の「クォリティ（quality）」というのは、互いに相性の悪い行動パターンを分類したもので、たとえば同じ定着サイン同士である獅子座と水瓶座であれば、最初はよくても次第にお互いに頑固になる性質があるということになる。この三区分は、音楽的にはリズムに特に強い影響を与える。すなわち、「活動」＝たたみかけるようなリズム、「定着」＝安定した重量感のあるリズム、そして「変移」＝三拍子系の弾むようなリズムということになる。

作曲家を交響曲作家とオペラ作家に分ける考え方は、かつてからあったものである。個々の作曲家は多くの場合、自分が万能の作家でありたいと思うだけの向上心を持っていたし、一つの分野の作曲に満足した作曲家の場合は、自分がまさに性分的にその分野しか書けなくて書いていた。少なくとも、わざと意識的に一つの分野に固執したわけではない。したがって、この区分は偶然的な傾向は薄く、かなり個々の作曲家の本性と結びついているものであり、分類の方法として妥当である。

たとえば、ブラームス、ブルックナーは言うまでもなく、ベートーヴェンですらオペラには手を焼いていた。彼が残した唯一のオペラ『フィデリオ』は、少なくとも彼が本領を発揮した作品だとは言えない。これは単なる失敗作というより、はるかに多く彼の個性についての情報を提示している作品である。というのも、ほかの分野であれほどの完成度の高さを示している彼が、ここではあちらこちらで不完全燃焼で終わっているのである。その事実から、彼がいかにオペラ的予定調和的構成が不得手であったかが分かるのである。彼らは、オペラの得意な「風」以外のグループ「火」「地」「水」に属している。蟹座のマーラーは、さまざまなタイトルのつけられた長大な交響曲を数多く書いた。曲中に声楽を取り入れたこともある。しかし、本人も「ときおり投げるオペラ制作への流し目」という表現で意識しつつも、決してその分野に手を染めることはなかった。一方、マーラーと同時代人でよきライバルとして交流のあった双子座のリヒャルト・シュトラウスは正反対である。多くのオペラを書き、交響曲というよりも交響詩に真価を発揮した。ほかに風の作曲家は、モーツァルト（水瓶座）、ワーグナー（双子座）、ヴェルディ（天秤座）ら、やはりオペラを中心に活躍している。ヴェルディはオペラのメッカ、イタリアの作曲家であるから、ここでは典型とすべきではないかもしれないが、あの天才モーツァルトですら、四十一曲の交響曲中、本当に彼の真価を発揮しているのは、最後の四曲に過ぎない。しかも、それは歌唱の原理、および協奏曲の原理で書かれている。交響曲は決して彼の本領とするものではなかったのだ。一方、オペラとなると質・量ともに素晴らしい作品を書きまくったし、またピアノ協奏曲中、駄作は皆無である。

ここで注意していただきたいのは、協奏曲は、感性の形式の上では、実は交響曲よりオペラに近いものだということである。交響曲は、何らかの形で洗練された調和美の概念を念頭に置いて書き始めるものではない。寡黙に、作曲家自身の体質のようなものを、こつこつと積み上げてゆく作業である。それに比べると、オペラでは最初に序曲があり、「はじまり、はじまり」という具合に、まず作曲家の意識がちらつくのである。歌詞はよく吟味され、音楽はその歌詞と調和しているという意味での最良の趣味で再現される。つまり、狙いが明確なのである。協奏曲もまたしかりである。ここでは、ソロ楽器とオーケストラのかけあいという「遊び」が加わる。オペラにアリアがあるようなものである。オペラ・協奏曲といった分野においては、音の各パートは、いわば民主的に運営されていて、音と音の間の調和への配慮がある。それに比べ、交響曲作家の作品では、ベートーヴェンで明らかなように、各パートは作曲家の思念という専制的統治下の奴隷である。この性質に従って分類すると、クラシックの各分野は次のように分類できる。

交響曲作家＝寡黙な作曲家……交響曲、室内楽曲、独奏曲…………（火・地のサイン）
中間的作家＝寡黙な作曲家……オペレッタ、独奏曲、歌曲…………（水のサイン）
オペラ作家＝雄弁な作曲家……オペラ、協奏曲、交響詩、歌曲……（風のサイン）

こうした個性の違いは、今までは単に「そういう分類もできる」ということに止まっていたのではないか。というより、それ以上の分類の意味づけが見つからず、また何らかの客観的現実と結びついているようにも思われなかったのであろう。しかし、これを西洋占星学と結びつけると、一目瞭然になる。しかもそれは、それぞれの作曲家の美意識を、他者との比較というよりも、その人自身の固有の特質としてよく理解した時、納得できる。つまり、ベートーヴェンやマーラーが、どのようにオペラを苦手としたかが分かってくるのである。したがって、西洋占星学による分類は、単なる比較対照的分類ではなく、本質による分類である。

雄弁な芸術家であるモーツァルトは、悪魔のような『ドン・ジョヴァンニ』の序曲を書きながらポンチを飲み、妻にシンデレラやアラジンの話をさせて涙が出るほど笑っていたという。では、寡黙な作曲家であるベートーヴェンやマーラーだったら、どうだっただろうか。糞真面目な逸話の多いベートーヴェンは、いちいち挙げるまでもなく、またマーラーも、自分の妻が陣痛で苦しんでいる時に、「そんなものは精神統一すれば避けられる」と、カントの『純粋理性批判』を大声で読んで聞かせたということである。このように、寡黙な作曲家たちは、自分たちの才能と現実の生活を調和的に結びつけることが不得手である。それは、ベートーヴェンと同じ射手座の尾崎豊、ＨＩＤＥ、ジム・モリソン、そしてジミ・ヘンドリックスが無念の早逝をなした現実とも重なりあう。一方、雄弁な芸術家であるビートルズは、世界的人気や過酷なスケジュールといった現実を、数々の作品の中で理性的に批判しながらも、それらと対立することなく、調和的に芸術家としての良心とのバランスを取ることに成功した。彼らの公の（音楽史上の）顔は、モーツァルト同様、常にフレンドリーである。こうした事実からは、交響曲作家（寡黙な作曲家＝「風」以外のサイン）が現実との折り合いをつけるのが下手で、それに比べオペラ作家（雄弁な作曲家＝「風」のサイン）はそれが得意であることが分かる。

さらに、ポピュラー音楽に目を転じてみよう。「風」のサインの雄弁な芸術家は、メッセージを一つの意識の柱として、曲を創りあげる。だから、常に自己の作品に対する深い理解者であり、その仕事には間違いが少ない。そこには、ジョン・レノン、ポール・マッカートニー、ボブ・ディラン、ポール・サイモンらがいる。彼らの音楽作品の感性には抽象性があり、一時代の産物で終わらない。

彼らと対照的なグループの好例として、イーグルスを見てみよう。このグループは、その全盛期のメンバー全員が「水」のサイン――蟹座・蠍座・魚座である。アルバム『ホテル・カリフォルニア』は、確かにメッセージ性あふれる真の傑作である。しかし、そのメッセージの手法は、あくまで切々と訴えかける叙情性であって、滅びゆくアメリカという美しいバック・グラウンドなしには考えられない。このアルバムは一九七〇年代の記念碑であり、作品に浸る時、我々はまた当時のアメリカにも浸るのである（それはまた、同じ「水」のサインである桑田佳祐率いるサザンオールスターズの音楽の多くが湘南を想像させるのにも似ている）。

それに比べれば、先のビートルズのレノンとマッカートニーの作品群には、環境に浸りきった感傷はない。曲は、具体的な想像をさせるよりも先に、まず常に、彼らの口から彼らの言葉として直接聴いている我々に伝えられる。オペラ性、メッセージ性、抽象性といった「雄弁な芸術家」としてのレノンとマッカートニーの才能は、当時の玉石混交のポピュラー・ミュージック・シーンにおいて、ビートルズという革命を起こしたのだ。

このように書いていると、あたかも「雄弁な芸術家」たちが芸術的才能の点で優位に立っているかのように錯覚される人がいるかもしれないが、これらのことは才能の優劣とはまったく関係がない。音楽史上の役割が違うというだけのことである。詳しくは、続く各サインの解説を参照していただきたい。

これらの性質を西洋占星学の視点から分類すると、次のようになる。

(1)　火のサイン（牡羊座・獅子座・射手座）……交響曲・堅牢なソナタ形式
(2)　風のサイン（天秤座・水瓶座・双子座）……オペラ・協奏曲・交響詩、歌唱的作品
(3)　地のサイン（山羊座・牡牛座・乙女座）……交響曲・バレエ音楽・寡黙で形態模写的
(4)　水のサイン（蟹座・蠍座・魚座）…………歌曲・小曲・オペラ（オペレッタ）

次章で取り上げる作品は、有名な、いわゆる〝名作〟を中心にしている。ポピュラー作品については、最新のものは避けてある。取り上げる作品の年代から、筆者である私の個人的趣味が反映しているのではと考える方もいるかもしれないが、現在の（特に日本の）ミュージック・シーンのめまぐるしさ、その異常さを、私たちはもう少し意識すべきだと思う。果たしてほかのどの国で、三年や四年前の音楽が「古い」とか「懐かしいね」などという言葉と共に語られることがあるだろうか。日本のこの激しい流行の変化が、どこまで悪いものかということまでは断定したくないが、芸術批評に携わる者で、ここ十数年の音楽を中心とした芸術作品の質の低下に気づかない者は少ないのではないだろうか。ほんの二、三年で消え去ってしまう作品の美意識について論じるのが、

この文の目的ではない。私自身としては、人文科学系の研究者は自分自身の歩んだ時代というものを堂々と最大限に活かして語るべきだと信じている。もしその研究者の批評眼が確かであれば、表面上の選択が多少特徴的に偏向しているものであったとしても（いったい何を基準に偏向していると言うのかも謎だが）、美意識の真実には最短距離でアプローチできることに変わりはないだろう。最新の作品を題材として語ることは簡単である。しかし、それらの作品の年齢が若い分だけ、説得力を欠くという場合も多いだろう。こうしたことを、一応お断りしておきたい。

第二章　音楽作品による検証——十二サインの音楽の特質

火のサイン……交響曲、構築してゆく音楽

1　牡羊座　バッハとエルトン・ジョン、そして森高千里

——元気で男性的、ステージ上ではド派手

3/21〜4/20生まれ

分類　男性＝外発的音色

活動＝たたみかけるようなリズム

火　＝活力があり意志的

一般的性格：積極的で進歩的、元気な行動派、優柔不断が大嫌い。攻撃にたけ、守備が弱い傾向。短気で熱血漢だが、竹を割ったようなサッパリした気質。

【牡羊座は小川ではなく、海である】

クラシック音楽界の牡羊座の代表は、何と言ってもヨハン・セバスチャン・バッハである。あまりよく知らな

い人からすれば、渋い教会音楽をたくさん書き、地道な生涯を送ったあのバッハが、明るく熱血的なイメージの牡羊座だというのは、イメージが合わないかもしれない。しかし、バッハ・ファンなら「なるほど！」と叫びたくなるだろう。

俗に大バッハと呼ばれるヨハン・セバスチャン・バッハは、一六八五年三月二十一日、ドイツ中部の町アイゼナッハに生まれている。ヨーロッパ全般で旧暦のユリウス暦が現在の新暦グレゴリオ暦に変わったのは一五八二年三月とされているが、実際にアイゼナッハのようなプロテスタントの都市では、日常生活上の改暦はずっと後で、この日付はユリウス暦であることが確認されている。このことは、シュヴァイツァーによる『J・S・バッハ』でも確認できる。したがって、バッハは新暦換算では三月三十一日ということになる。

バッハのホロスコープを見ると、まず強力な役割を演じているのは、魚座にある海王星と同位置（「合」または「コンジャンクション」と呼ばれる）にある月である（この月はバッハの出生時間の関係で、水瓶座に位置するのか魚座に位置するのかは、現在までのところ特定できない）。私の研究では、音楽の創作に関係する美意識を持つサインは、射手座・魚座・天秤座（そして時には牡牛座）である。海王星は魚座の守護星（関係のとりわけ深い星）である。つまり、このように月が魚座や海王星の影響を受けているということは、一般に牡羊座と呼ばれるほかの人々（太陽が牡羊座にある人々）よりもずっと、音楽を通じて美意識を表現する能力に恵まれていると考えられるのだ。バッハは、牡羊座の体質に魚座の気質を持った芸術家だったのである。このような場合、本人の感情自体は感じやすい穏やかな魚座の性質を帯びるのだが、完成した芸術作品は結果的に質実剛健の牡羊座の性質がはっきりと現われることになる（では、生まれた時に射手座・魚座・天秤座などの惑星がなければ、芸術家として後世に名を残せないかというと、必ずしもそうではない。ただ、太陽も月も牡羊座にある人物が、芸術的才能を発揮する確率はぐっと低いことは、確かに言えるのである）。主な特徴は、次のとおりである。

ヨハン・セバスチャン・バッハ　Johann Sebastian Bach

（1685.3.21 アイゼナッハ〜1750.7.28 ライプツィヒ）

ドイツの史上最大の音楽家系の8人兄弟の末っ子として生まれた。バロック音楽の完成者。終生、宮廷や教会に仕えながら、当時のあらゆる音楽様式を吸収し、超人的才能とたゆみない努力によって、オペラを除く全分野にわたって完成度の高い作品を生みだした。リズムとポリフォニー的構成力が特徴で、代表作は『トッカータとフーガ』『マタイ受難曲』など。

バッハ

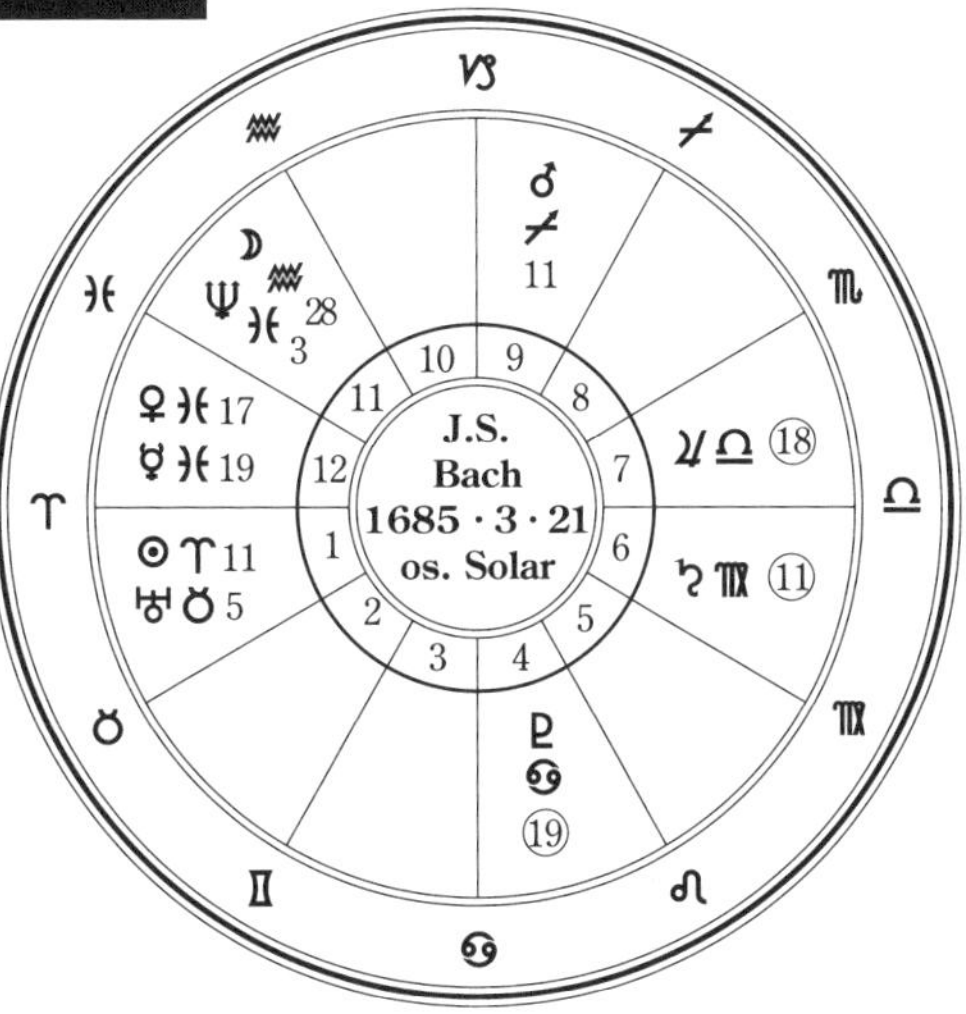

(1)　作品が強い意志に貫かれていて、遊び心はあっても主情的に揺らぐ艶めかしさはない（自由闊達さが先行する）。
(2)　音楽の内部に饒舌な会話的構造がない。ひたすら無心に存在する音楽。
(3)　音楽の彫りが非常に深い。立体的な構造を持つ。
(4)　一般に多作で、個々の作品も持続力とメロディーの力強さがある。

誰にとっても、デスクワークのＢＧＭとして一番の友となるのがバッハではないだろうか。牡羊座の音楽は、まるで聖なる獣が静かに私たちを背後から見守る、そんな感性に包まれている。すばらしい彫刻作品が、ただ無心にそこに存在し、空間を満たしている、そんな印象さえ感じさせる。作品は、鑑賞者に世話を焼くわけでも媚を売るわけでもない。「父性の音楽」なのである。「バッハは小川ではなく、海である」という有名なベートーヴェンの言葉どおり、バッハのメロディーは強く太く、巨大な空間を生み出す。それは、決して作品の構成の規模ばかりではない。音楽の一音一音が織りなす作曲家の、男性的な個性の現われである。

【音楽史におけるさまざまな牡羊座】

クラシック音楽では、ほかにハイドンがいる。当時の人々に「パパ・ハイドン」と慕われた彼は、バッハとベートーヴェンの間にあって、交響曲的音楽の完成に寄与した人物である（この三人とも火のサインであり、この流れの中に風のサインであるモーツァルトが含まれないことに注目されたい）。百曲を越える交響曲を、そして多数の弦楽四重奏曲を書いた。ハイドンの月は双子座である。牡羊座に比べかなり社交的で、人当たりのよい性質が増す。その性質が、快活で愛すべき「パパ・ハイドン」を作った一方で、ほかの彼の前後の作曲家（ヘンデル、バッハ、モーツァルト、ベートーヴェン）ほどの音楽的自我のようなものが前面に出なくなっている。それよりも、パトロンへの抗議のために演奏中に演奏者が一人一人退座してしまう有名な『告別』交響曲など、さまざまな思考上の試みを行った。双子座は、本質的には言葉やメッセージが先行しやすいサインである。それでもハイドンの愛好者は、彼の音楽の田舎的な野蛮なリズム感を知っている。ハイドンの音楽の本質は、実は決して保守一辺倒の形式主義ではないのである。

ムソルグスキーには、『ボリス・ゴドノフ』という傑作オペラがある。そのことから考えると火のサインらしからぬと思われるかもしれないが、もしムソルグスキーの音楽をよく知る者なら分かるとおり、私たちが一般に知る意味での「オペラ」とはかなり構造が異なっている。オペラはオペラでも、彼のオペラは徹底したリアリズムに貫かれている。決して世話物的・予定調和的世界観を持った、作家の頭の中だけで作り上げられたオペラではないのだ。オペラを得意ジャンルとする風のサインの作曲家は、一般にリアリズムを尊重しない。風のサインの人々は、リアリズムよりも理想主義的なポリシーが重要であり、一般にオペラと呼ばれる分野の作品にリアリティーがないのはそのためである。オペラは高度に抽象化された芸術形式なのである。そこにあるのは、そのままの現実ではなく、象徴である。ムソルグスキーの場合、オペラ創作において、このような風のサインの性質は薄い。したがって、風のサインの象徴性は生まれず、現実に即対応した作品になっている。彼はあくまで民衆を愛したし、その感性は現実に根差していた。たとえば、現実を無視するかのように生き急いだ風のサインの天才、モーツァルトの個性と比較してみれば、一目瞭然である。

もう一人、音楽史上忘れてはならない牡羊座の作曲家に、ベーラ・バルトークがいる。吉田秀和が言うところの「強力なヒューマニストでありながら、純粋に音楽的な感動を……一本槍で、清潔に、的確に造形してゆく雄渾さにあふれた音楽」だ。これはまさに、火のサインの天才にのみ評される言葉なのだ。

【ロックの巨人――エルトン・ジョン】

さて、ポピュラー音楽に目を転じてみよう。かつて「ロックの巨人」として世界に君臨しながら、現在も話題を呼んでいる人物にエルトン・ジョンがいる。特に一九七〇～七六年の間の彼の旺盛な作曲活動には、目を見張るものがあった。アルバムにして『ピアニストを撃つな！』『グッバイ・イエロー・ブリック・ロード』『キャプテン・ファンタスティック……』『ロック・オブ・ザ・ウェスティーズ』『蒼い肖像』ほか、一年にアルバム二枚以上のペースで生産しつつも、そのほとんどが全米ナンバー・ワンになり、そのどれもが大変な傑作で、時代を超えて通用するものになっている。たとえば、アナログLPにして二枚組アルバムだった『グッバイ・イエロー・ブリック・ロード』などは、「碧の海、ジャマイカへおいで」のようなアルバム中の息抜き的な作品においても、その音楽は生き生きと書かれていて、一瞬も留まることがない活発な彼の精神を明らかにしている。このような曲の質の高さまで考慮に入れれば、ビートルズの二枚組アルバム『ザ・ビートルズ』（俗に言う『ホワイト・アルバム』）にも勝っている。とにかく、この時期の彼は、頭で考えたり具体的何かを想像したりする前に、ただスポーツのように歌と演奏を始めれば、そのまま彼の個性として曲が発現してしまったという感が強い。勢い余って、シングル盤のB面に二曲も入れてしまったこともある。一九六〇年代後半ごろまで、アルバムというものはシングルの寄せ集めとしてしか見なされていず、ヒット・シングルが一曲目に入っていないアルバムなど考えられなかったのだが、シングルとアルバムを独立した完全に別の作品として最初に発表したのはビートルズだった。これを完全に行なうには、それ相応の充実した作曲能力がないと不可能である。ビートルズのこのやり方を完全に受け継ぐことができたのが、エルトン・ジョンだった（そしてずっと後には日本のサザンオールスターズである）。

エルトン・ジョン（本名レジナルド・ドゥワイト）は、一九四七年三月二十五日にイギリスのバイナーに生ま

エルトン・ジョン　Elton John

1968年のデビュー以来、無数のヒットを飛ばし、最近ではダイアナ妃追悼歌「キャンドル・イン・ザ・ウィンド」を提供するなど、今もトップで活躍している、キーボード・シンガー&ソングライター。傑作アルバムは『ピアニストを撃て』『グッバイ・イエロー・ブリック・ロード』ほか多数。『ロック・オブ・ザ・ウェスティーズ』は隠れた名作である。

エルトン・ジョン

CD写真『ロック・オブ・ザ・ウェスティーズ』
Rock of the Westies

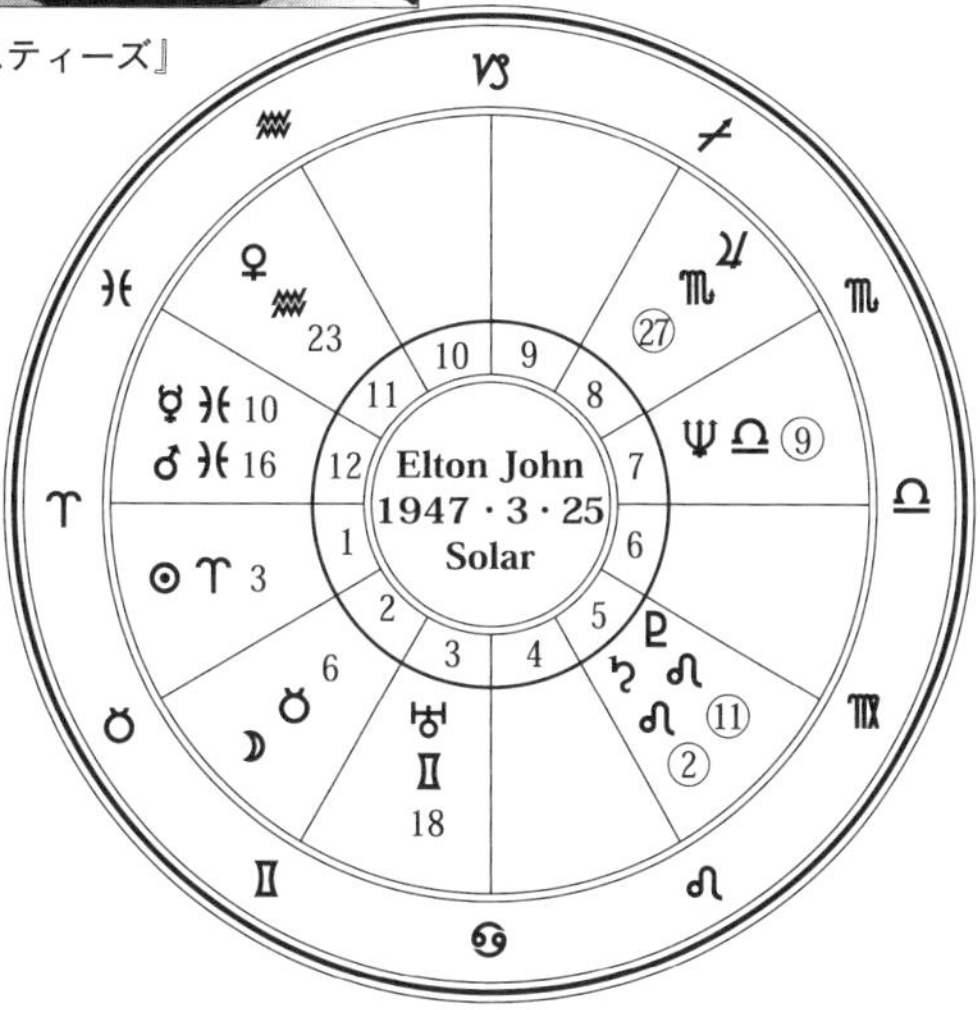

れた。創作の霊感に駆られた時の彼の音楽は、いかにも体力で書いているような印象を与えるが、それでいて作品は大変繊細だ。彼の作品に存在するもう一つのきわだった原理は、(作詞は彼自身でなく、当時の愛人バニー・トゥピンによるものだということを考え合わせても) これらの曲は歌詞がなくとも存在しているのだという感触である。作曲をする時、詩想が浮かんでそこから曲に発展する場合もあれば、曲が先にできるケースもあるが、彼の場合、詩的言語とメロディーはまったくといっていいほど関係がない。この場合の詩的言語とは、人間の言語意識というプロセスを通過して出てくる感性という意味だが、牡羊座の彼の音楽の場合、そのとき彼が何を考えて創っていたにせよ、まったく無言でピアノの鍵盤へ一打一打を振り下ろすうちに、その彼の指の動きと共に生まれてきたような印象を与える。メロディーの中に、神経質な自意識の振幅がない。彼のナイーヴさは、このアルバムのタイトル・ソングなどでも分かるように、まったく彼一流のやり方で表現される (この辺りはまさに、同じ火のサインのベートーヴェンの緩徐楽章のありかたにそっくりだ)。エルトン・ジョンの牡羊座的感性が最もはっきりと現われている曲と言えば、私はためらいなく「血まみれの恋はおしまい」を選ぶ。ヴォーカルのパートが終わり、直後にギターのフレーズが対立的に現われる。それも、それは曲の空間中に敷かれた、まったく別のレールに乗って現われる。私は、またベートーヴェンを思い出してしまう。魚座のような水のサインであれば、一つのすばらしいメロディーが終わった時、わざわざそのメロディーに戦いを挑むようなテーマを登場させることなど、決してないだろう。しかし、火のサインでは、このように「ガッツ」が出るのである。

また、牡羊座は抜群のリズム感を持っている。エルトンのピアノのリズムは、鍵盤が押された時のみならず、それが離された空白の一瞬にも、確かに固有のリズムを刻んでいる。前へ前へと駆り立てる勢い自体も言うまでもない。牡羊座はスピード感も一流である。

ロックでは、ほかにリッチ・ブラックモアやエリック・クラプトンらがいる。

また、ジャズ・アーティストには、次のような人たちがいる。サラ・ヴォーン、ビリー・ホリデイ、ハービー・ハンコック。

【とにかく原色好き――ステージ上の牡羊座】

ネオン・サインさながらの七色のメガネ、『セサミ・ストリート』のビッグ・バードを派手にしたようなコスチューム。そんなエルトン・ジョンの派手なステージについて、当時、評論家が次のようなことを言っていたのを思い出す。「エルトンは、自分がハンサムでないアイドルであることを知っている。だからこそ、あのような狂言じみたステージをする。いわば解り過ぎたピエロなのだ」と。これは、エルトン・ジョンの大変ナイーヴな曲想のバラード・ソングなどから考えると、実に真実味のある推察だと私も思ったが、彼が牡羊座であると知った現在では、まったくそうは思えない。美しき誤解である。仮に、彼にそんな感情があったとしても、結果的にそういう考え方もできるというだけではないか。牡羊座は、そんなところにまで個人的感傷を持ち込んだりはしない。それ以前に、原色ド派手のステージが大好きなのだ。それは、その後のアーティストたちが証明してくれた。忌野清志郎、デーモン小暮（牡羊座の月）、志茂田景樹、森高千里、篠原ともえ、戸川純、ジ・アルフィー（高見沢俊彦と坂崎幸之助）など、それぞれの個性を発揮しながらも、アクティヴな原色ファッションのステージを繰り広げる。

ほかの分野では、たとえば無声映画のアクションで、単独、独裁者ヒトラーに抗議したチャーリー・チャップリンも牡羊座だった。牡羊座のプロテストには、メッセージ・ソングを得意とする天秤座や双子座とはまったく違う性質がある。それは「みんなに呼びかける」以上に「一人でもやる」という姿勢だ。チャップリンが単なる喜劇役者に終わらなかったのは、平和のために戦い、そして人を楽しませる、この明るい牡羊座の強者の精神が、全作品に太く流れているからだ。こう考えると、牡羊座の一見派手なだけのパフォーマンスの中にも、さまざまな可能性が見えてくる。映画界では、ジャッキー・チェンやエディー・マーフィーなど、活気あふれる明るさが、多くの人に感動を与えている。

【オジサン・オバサン……おまえ】

さて、このような男性的な明るさは、一方ではお上品な女の子をからかってみたりするバンカラ風の個性につながることがある。「お上品なんて嫌いだぜ」――これが多くの牡羊座の男性が冗談交じりに語る台詞だが、牡羊座の女性の場合でも、それとは少し違う形ではあるが、同じ性質は現われてくる。一種の実質尊重主義と考えていいだろう。たとえば、森高千里の「わたしがオバサンになったら」とか「臭いものにはフタをしろ」という歌詞などは、その典型である。また、広瀬香美の「ロマンスの神様」の歌詞などでは、「性格良ければいい　そんなの嘘だと思いませんか」というところまで聴いた時、私は作詞者が牡羊座であることを直感した（この曲の作詞作曲ともに広瀬香美本人で、もちろん彼女は牡羊座である）。さらに、いまでもカラオケでよく歌われる「げたを鳴らしてやつが来る～」の「我が良き友よ」は詞・曲ともに牡羊座の吉田拓郎のものだが、ルーツは同類である。ほかにも、さだまさしや武田鉄矢が同じ牡羊座だと言ったら分かりやすいだろう（「関白宣言」など、女性に対して「おまえ」という呼びかけを歌詞で使うのも特徴的である）。

アニメ・ソングでは、「うる星やつら」の主題歌「ラムのラブソング」を書いた小林泉美がいる。アニメ・ソングとはいえ、十秒と経たぬうちに次の主題に無駄なく展開する見事さ、目まぐるしく変化し、しかもリフレインが最大の効果を生むような構造を持ったメロディー。大変な才能だと思って調べてみると牡羊座で、このスピード感はそこからきているのかと感心させられた記憶がある。

アーティストとしてほかには、甲斐よしひろ、すぎやまこういち、加藤和彦、小沢健二、鈴木彩子、こじまいづみ（花花）、玉城千春（Kiroro）、和田アキ子らがいる。

２　獅子座　ドビュッシーとマドンナ、そして吉川晃司

──視覚的現実派のステージ音楽

7/24～8/23生まれ

分類　男性＝外発的音色
定着＝安定したリズム
火　＝活力があり意志的

一般的性格：細事にこだわらないおおらかさ。陽性でドラマチックなものを好む。支配欲が強く自己中心的だが、さびしがり屋という、単純で無邪気な幼児性を持つ。

クラシック音楽について言えば、獅子座と山羊座は、おそらくほかのどのサインよりも説明がしにくい。とにかく、どちらも大作曲家と呼ばれるような人が少ない。獅子座に限って言えば、二つの理由が考えられる。もともと獅子座は、十二サイン中、ホロスコープ上で最も太陽の影響力が強くなる位置である。太陽は肉体の活力そのものであり、机上の理論よりも生命という現実にのみ目を向ける性質が強くなる。そのため「美意識が、その人の現実の行動や肉体以上に細分化されにくい」という性質が強く出る。そして、作曲のような自分の頭の中の想像力だけで行い、具体的な自分自身の肉体が登場してこない分野には不向きになりがちなのだ。また、芸術の創作に要求される「形式」というものに対する感性が生じにくいのも確かである。良くも悪くも無趣味なのである。各サインには、そのサイン特有の芸術伝達へのアプローチ方法がある。それが多少変わっていたり、いびつであったり、不健全であったりしても、とにかくアプローチする独自の形式があれば、芸術創作はそこから始まる。そして、それが芸術作品である以上、その独自の形式は人間の意識の中で創り出されたものであるはずだ。もし既存のもの、たとえば流行のファッションとか、土地で採れた野菜とか、そうしたものが表現の（手段では

なく）単位になるのなら、それは芸術ではなくて「芸能」である。獅子座は、この際どい位置に立たされているのだ。獅子座は、楽譜という紙切れを通して自分以外のまったく別の人格に感情移入するには、あまりに現実的な感性を持ち、しかも安定し過ぎているのである。いわば、常夏の太陽と紺碧の海のもとで無邪気に遊んでいるような状態だ。肉体以外の何が必要だろう？　獅子座のこのような性質を、小さな赤ん坊に喩えることも可能だろう。生まれたての赤ん坊は、生命力は旺盛だが、感覚を細分化して見つめ直すような繊細さは、まだ発達していない。それはむしろ、大人になり始めて、（西洋占星学上の「太陽」に象徴される）肉体的活力のあり方が変わり始める時（ある意味で減衰し始めた時）、初めて生じるものなのだ。

このため、クラシック音楽においては、獅子座の芸術は、人間の肉体が共通言語となるバレエ音楽の傾向、または完全に民族音楽的な性格のもの（民族音楽もまた、その属する共同体の中では、祭礼などの役割を演ずる具体的・現実的な「道具」である）、または極度に視覚的なものが多い。ただし、それでも獅子座の作曲家は非常に少ない。十九世紀ではロシアの神童だったグラズノフ、そしてスペインのグラナドス、そして本当の巨匠と呼べるのはドビュッシーしかいないと言ってもいい。一方、二十世紀に入ってポピュラー音楽に真に芸術的な作品が現われ始めると、獅子座の作曲家は急激に増え始めた。それは、音楽にステージ・パフォーマンスが導入され、映画・テレビ・ビデオなどのヴィジュアル・メディアと強く結びついたためである。獅子座において、表現の伝達手段は、常に現実の空間であり、肉体やものの存在を通して行われるのである。

クロード・アシル・ドビュッシーは、一八六二年八月二十二日にパリ近郊のサン＝ジェルマン＝アン＝レに生まれた。音楽の印象主義とも言われる彼の音楽は、それまでのドイツを中心とした西洋音楽の流れにまったく新しい機軸を打ち出すことになったのだが、この発生には一つのあまりに単純な原理があった。それは、あたかも彼が、そこにその対象物が存在している、そのままの姿を描いたかのように感じられるということだ。それは真の天才ならではの、あまりに直截で単純なやり方でなされるので、一瞬ただの音のイメージの集積ではないかとさえ思われるのだが、実際はまったく違う。あまりに素直な魅力にあふれる「音の配列」とでも言うべきものなのだが、では実際にこんなにまでに鮮烈な世界が、彼以外の作曲家の手で描かれることが可能だっただろうかと考えると、断じて「否」なのである。ドビュッシーの作品には、「金魚」「海」「亜麻色の髪の乙女」といった具体的表題がつけられていることが多い（こうした表題的傾向は、火のサインでは獅子座だけの例外的傾向である）。たとえば、交響詩『海』を聴けば、その音のそれぞれが現実の波や潮風に対応して表わされていると言ってもよいのだが、ではこれが単に表面的な表題音楽で終わっているかというと、それはまったくそうではない。彼一流のやり方で、あまりに「ありのまま」なのである。獅子座は常に現実が先行しがちなサインだが、ドビュッシーはこうした性質を何とも巧みに逆手に取ってしまった。牡羊座のところでも記したように、もともと火のサインにはそれほど神経質な意識の振幅はなく、意志の思う方向に音楽は進んで行くのだが、それでもロマン派以後になると、牡羊座や射手座の場合には、やはり彼らの意識というものが、迷いのようにちらつくことがある。しかし、ドビュッシーの音楽の獅子座的安定感を体験してしまうと、それこそ彼以前のすべての音楽が「意識」だの「精神」だのという目にも見えず耳にも聞こえないものを相手にしようとしていたのではないかと思えてきてしまう。先に獅子座はバレエ音楽や民族音楽の色彩が強いということを書いたが、ドビュッシーはこうした獅子座のハマリやすい一つのパターンに陥ることなく、いともたやすく一つの革命を成し遂げてしまった。彼にはただ、この鮮烈な光の印象の音世界が「現実」だったのだ。彼以後、フランスでは、ピエルネ、イベール、ジョリヴェなど、獅子座の作曲家が何人か出ることになる。フランス人の視覚文化の伝統と音楽は、獅子座によって結びつけられたのだった。

クロード・アシル・ドビュッシー　Claude Debussy

（1862.8.22 サン＝ジェルマン＝アン＝レ～1918.3.15 パリ）

フランスの作曲家。19世紀末から20世紀初頭、象徴派文学や印象派絵画に匹敵する、高度に洗練されイメージ喚起力の強い作品を生み出した。1992年に初演し大成功した歌劇『ペレアスとメリザンド』を頂点に『牧神の午後への前奏曲』などがよく知られ、和音や音程の並行、不協和音の活用、全音音階、5音音階、不確定リズムなどが特徴である。

ドビュッシー

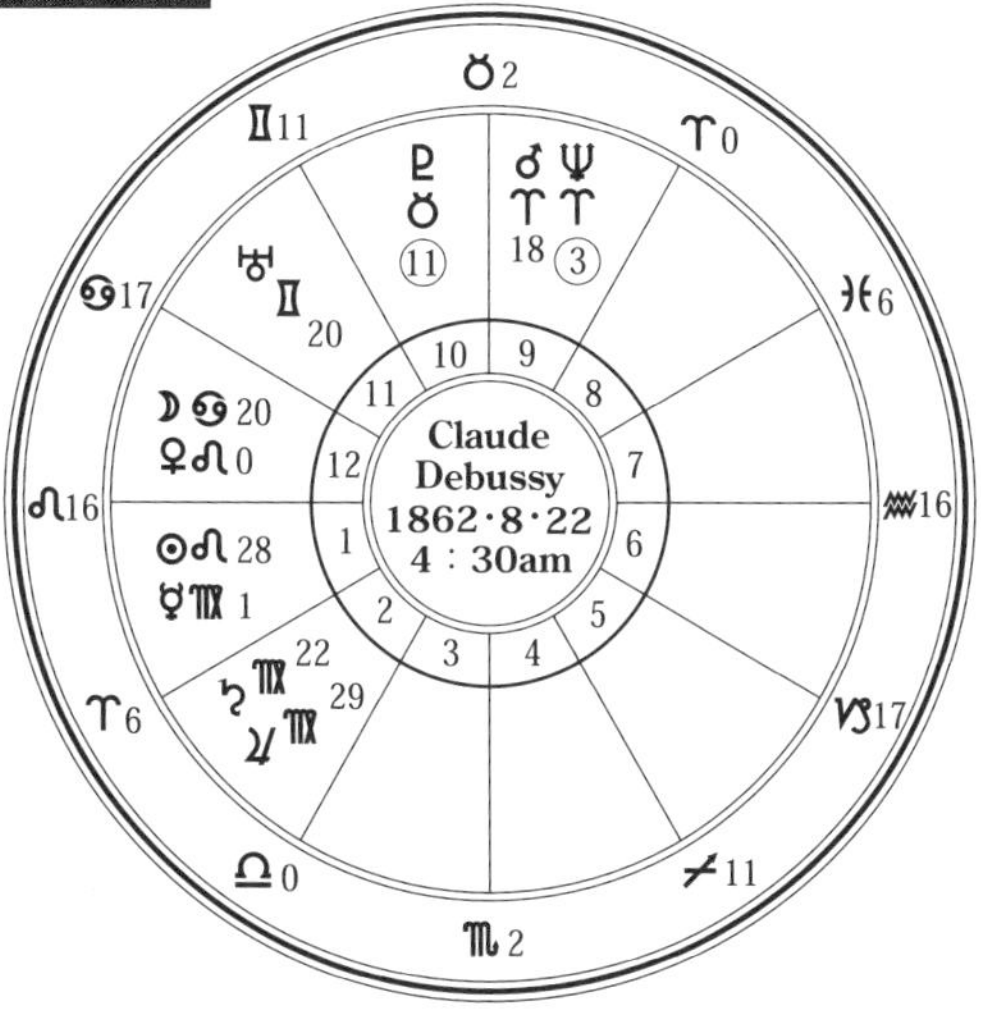

【ステージへ……マドンナ】

獅子座の創作態度についての最大の課題は、自分自身のパフォーマンスとどのような関係を想像できるかである。クラシック音楽では、このような理由、つまり作曲家本人がステージに上がって演じるところを想像しながら作曲はできないという理由で、作曲家が生まれにくいと記した。しかし現代では、その是非は別としても、ステージ・パフォーマンスは音楽活動の重要な一環になった。こうして現代では、ダンスを中心としたステージ・パフォーマンスの得意な獅子座のアーティストが続出することになる。

マドンナ・ルイーズ・ヴェロニカ・チコーネは、一九五八年八月十六日、アメリカ、ミシガン州東部オークランド郡郊外のロチェスターで誕生した。ホロスコープは、獅子座から乙女座にかけての強力なマジョリティー（惑星の集合体）を持っている。獅子座の開放的で大胆な気質にプラスして、乙女座のしぶとい個性も持ち合わせていると言ってよいだろう（マドンナの個性でも分かるように、乙女座の個性とは、決して清純なばかりのものではないのだ）。六歳の時、母を乳ガンで失う。彼女のホロスコープでは、人生における緊張を表わす土星が月と凶座相（幼少期の母との死別を意味している）を形造るとともに、太陽と吉座相（困難を克服する意味）も現われている。

十八歳の時、三十五ドルを手にニューヨークへ。どん底の生活をしながら、次第にダンサーとして認められてゆく。彼女を最初期に認めた元トップ・ダンサーのパール・ラングは、次のように言っている。「マドンナには単なる肉体的なパフォーマンスを超えるパワーと強さがあって、はるかにエキサイティングだったわ。ダンサーの資質を見るときは、まず強さがあるかどうか見るの。そしてマドンナにはそれがあったというわけ」。そしてまた、彼女がまだ駆け出しの時代に受けた映画『マドンナのスーザンを探して』のオーディションの時、監督のスーザン・シーデルマンは、次のように言っている。「彼女、五十フィートくらいに引き伸ばして見たくなる顔をしているの。いわゆる美人じゃないけど、ベティ・デイヴィスとかマレーネ・ディートリッヒだってそうでしょ」。

こうした彼女の強力な存在感、そして力感は、獅子座ならではのものだ。パール・ラングは、まだ無名だったマドンナのダンスを見て、「足が上がるとか、アクロバティックな動きのできるダンサーはいくらでもいるけど、そんなことはどうでもいいこと」と言っている。ほかの人ならそれほどインパクトを与えない技術や動きでも、獅子座が演じると、実在感に満ちあふれたものとなることは、よくあることだ。日本のコメディアンの世界ならば、ビートたけしの山羊座とタモリの獅子座が好対照だろう。前者のギャグが発想の豊かさと知的会話によるのに対し、タモリの「イグアナ」とか「ハナモゲラ語」という発想自体は、小学生でも考えられそうなものだ。しかし、彼がそれを演じた瞬間、初めて本当の芸になるのだ。「ぐずぐず考えるよりも行動」――これが獅子座の戦法なのだ。

一九八〇年、「エヴリバディ」のデモ・テープがＤＪのマーク・カミンズの目にとまり、二年後にデビュー・シングルとなる。その後、めざましい勢いでスター街道を駆け登ってゆくが、彼女の成功の秘訣は、何があってもくじけない成功哲学と、現実に根差したワーカホリック（仕事中毒的）なまでの獅子座パワーだったのだ。

獅子座の人気シンガーで、もう一人忘れることができないのが、ホイットニー・ヒューストンだ。一九六三年八月九日、ニュージャージー出身。活力あふれる牡羊座の影響を受けている。小さい時から音楽的に恵まれた環境に育ったサラブレッド的少女だが、彼女の才能もまた、まず歌唱力とダンスの才能にあり、作曲の才能が先行していたわけではない。シングル七曲連続全米第一位の記録を樹立し、映画『ボディガード』が注目された。

また、ローリング・ストーンズのミック・ジャガー、レッド・ツェッペリンのロバート・プラントも、このサインである。いずれもパフォーマンスにたけ、主役型というか、俳優・ダンサーとしての才能も合わせ持つ人々だ。

【天才少女――ケイト・ブッシュ】

獅子座のアーティストで、その作曲活動を中心に名を上げた数少ないアーティストの一人にケイト・ブッシュがいる。一九五八年七月三十日、イギリス、ケントの生まれ。十六歳でピンク・フロイドのデイヴィッド・ギルモアに認められ、二十四歳の時に「嵐ヶ丘」でデビュー。独特のハイ・トーン・ヴォイスと神秘的なイメージで、天才少女として注目される。数々の賞を独占し、一九八〇年、三作目のアルバム『魔物語』発表ごろから人前に姿を見せなくなり、自分の世界に閉じこもって音楽活動をするようになる。その後、ビデオやステージで活動を再開することになるが、彼女の場合、獅子座の個性として片づけるには、蟹座などほかの要素があまりに複雑に絡みあっていて、単純には語れない。しかし、音楽のあり方は獅子座的な要素が、やはりはっきりと現われている。たとえば、第四作目のアルバム『ドリーミング』の一曲目の「サット・イン・ユア・ラップ」など、獅子座の力まかせの個性がはっきり出ている。また、その前作にあたるアルバム『魔物語』も優れた作品だが、裏ジャケットでコウモリの姿をして舌を出した異常な形相の彼女の姿に驚いた人も多いと思う。しかし、マドンナたちよりもずっと作曲家的な資質が強く、しかも獅子座の「感じたことが肉体の単位より小さくならない」という資質を持った彼女が、どれだけの精神的重圧を背負っているか、想像に難くない。彼女の場合、ほかのアーティストならスムーズに現実とつながっていく才能の要素が、特異な才能であるが故に、それが獅子座というサインの枠に無理矢理押し込められ、無理な爆発を繰り返している、そんな印象さえ与えるのである。あのジャケットを見ると、むしろあんな風にして自己を保っている、彼女の個性に敬服したいと思うのだ。彼女のデビュー作「嵐ヶ丘」は、もちろん早逝したイギリスの女流作家エミリー・ブロンテの名作から取ったものだが、この二人

ケイト・ブッシュ　Kate Bush

1975年、16歳の時にピンク・フロイドのデイヴ・ギルモアにスカウトされデビュー。個性的な作詞・作曲と歌声で、天才少女として一躍注目を浴び、さまざまな賞を総なめにする。彼女の作品世界はセカンド・アルバム『ライオンハート』からサード・アルバム『魔物語』、そして4枚目の『ドリーミング』で驚異的な飛躍を遂げる。

ケイト・ブッシュ

CD写真『ドリーミング』
The Dreaming

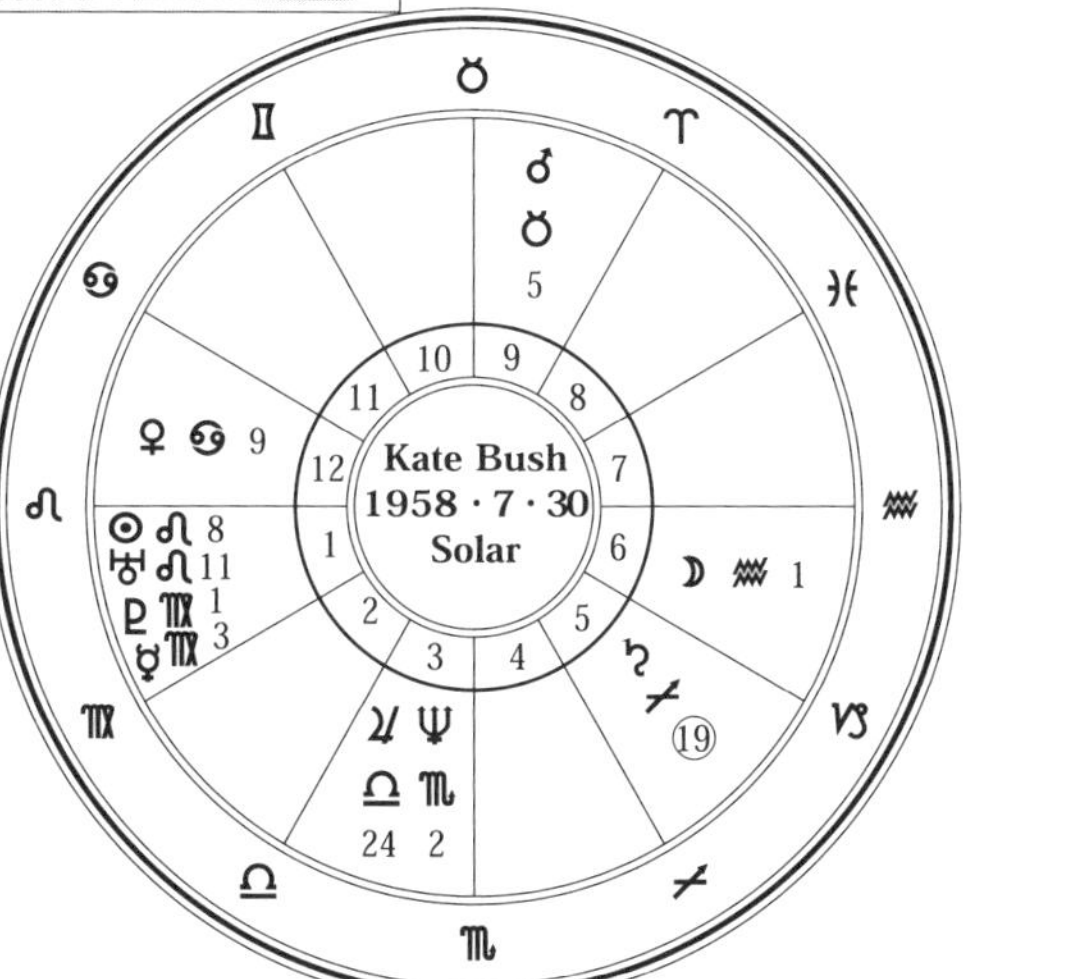

に共通の、毅然として雄大だが、エネルギッシュであると同時に魂の不安な叫びが響く作風は、ブロンテもまた同じ獅子座であることを考える時、歴史の悪戯で済ませるには、あまりにできすぎの感さえある。

また、純粋に音楽的側面から獅子座の感性を味わいたいなら、クイーンの「イッツ・レイト」の中間部のギター・プレイを聴いていただきたい。獅子座の月の影響が全開になったブライアン・メイの威風堂々たるプレイは、このサインの精神を雄弁に語っている。

また、ジャズ・アーティストには、次のような人たちがいる。オスカー・ピーターソン、カウント・ベーシー、ビル・エヴァンス。

【吉川晃司とアイドルたち】

日本における獅子座のアーティストは年々増えてきているが、その先駆けという意味で影響力の強かった人に、吉川晃司がいる。一九八四年のデビュー曲「モニカ」の大ヒット以来、ファッションの側面でも時代をリードしてきた。彼の曲は、彼の歌い方があまりに個性的なので、すぐに獅子座と分かる。作品としての完成度を高めるために、音楽の一部に自分の技能を組み込むという造り方ではない。あくまで自分の個性を打ち出すための素材として曲が存在している、そんな印象を与える。あくまで自分を中心におく獅子座らしい感性である。それにしても、ほとんどの獅子座のアーティストが、こうして楽器をあまり持たずに歌うヴォーカリスト型アーティストだという点も、特筆に価する。

ほかの獅子座のアーティストには、久保田利伸、ＫＯＮＴＡ、スガシカオ、桑名正博、山根康弘、阿部義晴、サンプラザ中野、木村真也（ＷＡＮＤＳ）、華原朋美、小野リサ、真璃子、沢田知可子、杏子、ＫＥＩＫＯ（globe）、金城綾乃（Kiroro）、鈴木祥子らがいる。

3　射手座　ベートーヴェンとジミ・ヘンドリクッス、そして尾崎豊
――ワイルドで孤独な吟遊詩人

11/23〜12/22生まれ

分類　男性＝外発的音色
変移＝自在に変化するリズム
火　＝活力があり意志的

一般的性格：精神的向上心が旺盛、開放的で楽天的。スピードと自由を愛し、哲学的側面と享楽的側面を合わせ持つ。情熱家だが、持続力が不足。

【男性サインの音楽――ベートーヴェンはクラくない！】

射手座は魚座とともに、音楽的創作に大きな影響を与えるサインである。明るくスピード感のある曲想は、火のサイン中でも詩的言語との調和を取りやすい構造を持っている。

ベートーヴェンというと、交響曲第五番「運命」や交響曲第九番があまりに有名で、彼の生涯のドラマや実際耳にする音楽の表面的特徴から、偉大で男性的であると同時に、偏屈で重くて暗い芸術家だというイメージを、人々は持ちすぎてはいないだろうか。前の部分の形容は当然だが、後のほうの「偏屈」は認めるとしても、「重くて暗い」というのはどうだろうか。彼の運命は確かにハードだったし、明るいものではなかった。しかし、彼の性質はどうであったか。ホロスコープの解釈に入る前に考えてみたい。才能の資質が違うと言ってしまえばそれまでだが、女性サインの影響の大きいシューベルト、ブラームスやマーラーの悲痛な響きや厭世観が、ベートーヴェンにあっただろうか。あれほどの困難を乗り越えても、なお人間性を真っ直ぐに賛美したこの芸術家が、

非常に開放的で明るい気質を持っていなかったなどとは、私には想像ができない。交響曲に限らずとも、晩年の弦楽四重奏など、どれを聴いてもそうである。彼には、勝利は約束されたものだったのである。彼を尊敬してやまなかったはずの上記の作曲家たちは、結局、全然別の人生観へと傾いてしまったではないか（もちろん、それが彼らの魅力なのだが）。ベートーヴェンはクラくないのである。

ルートヴィヒ・ヴァン・ベートーヴェンは、一七七〇年十二月十六日にドイツのボンに生まれた。太陽のみならず、月も射手座にある完全「射手座型」作曲家である。私がこの作曲家の性格の明るさを強調したいのは、まさにこの点なのである（たとえば同じ射手座でも、嫉妬深い蠍座に月があるベルリオーズは、射手座の勝利の概念と蠍座のカオスが同居している）。もちろん、射手座が明るさばかりのサインだというのではないが、それでもこのサインの開放的な明るさという特質の恩恵をベートーヴェンが最大限に受けているということは、強調してもしきれない。

射手座の人間全員に共通のことだが、一つのことにのめりこむと、ほかのことはまったくどうでもよくなってしまうという芸術家気質が、ベートーヴェンについても、人生全般を支配している。その短気と粗暴な言動のために、この楽聖の家には料理人が居ついたことがないし、実際、警官にはホームレス扱いをされ留置された経験もある野人だった。しかし、これらの性質は、決して彼が勝気なために意識的に望んでいたことではない。彼は何度も恋をして結婚にあこがれたが、射手座の持つあまりに自分の感覚に正直で、二つのことを同時にやるには無器用な性格が、それをはばんでしまった。しかし、射手座は内面は寂しがり屋であっても、それに耐える力を持っている。いや、耐えるどころか、それを愛していると言ってもよいほどだ。芸術に限らず、一般の射手座の人間に対して、もし多くの人々がこんな感性を理解してあげられるなら、人間社会はより豊かなものになるのだが。

ルードヴィッヒ・ヴァン・ベートーヴェン　Ludwig van Beethoven
（1770.12.17 受洗 ボン〜1827.3.26 ウィーン）
ドイツの作曲家。古典派を完成させ、ロマン派への道を開いた。早熟というより大器晩成型で、その人生の歩みに作品の精神性が寄り添うように成長した。1802年に耳疾などの悩みから自殺を考えるが思いとどまり、その後さらに精神性の高い傑作群を生んだ。「運命」「田園」「合唱」など9曲の交響曲やピアノ・ソナタ「熱情」などが代表作。

ベートーヴェン

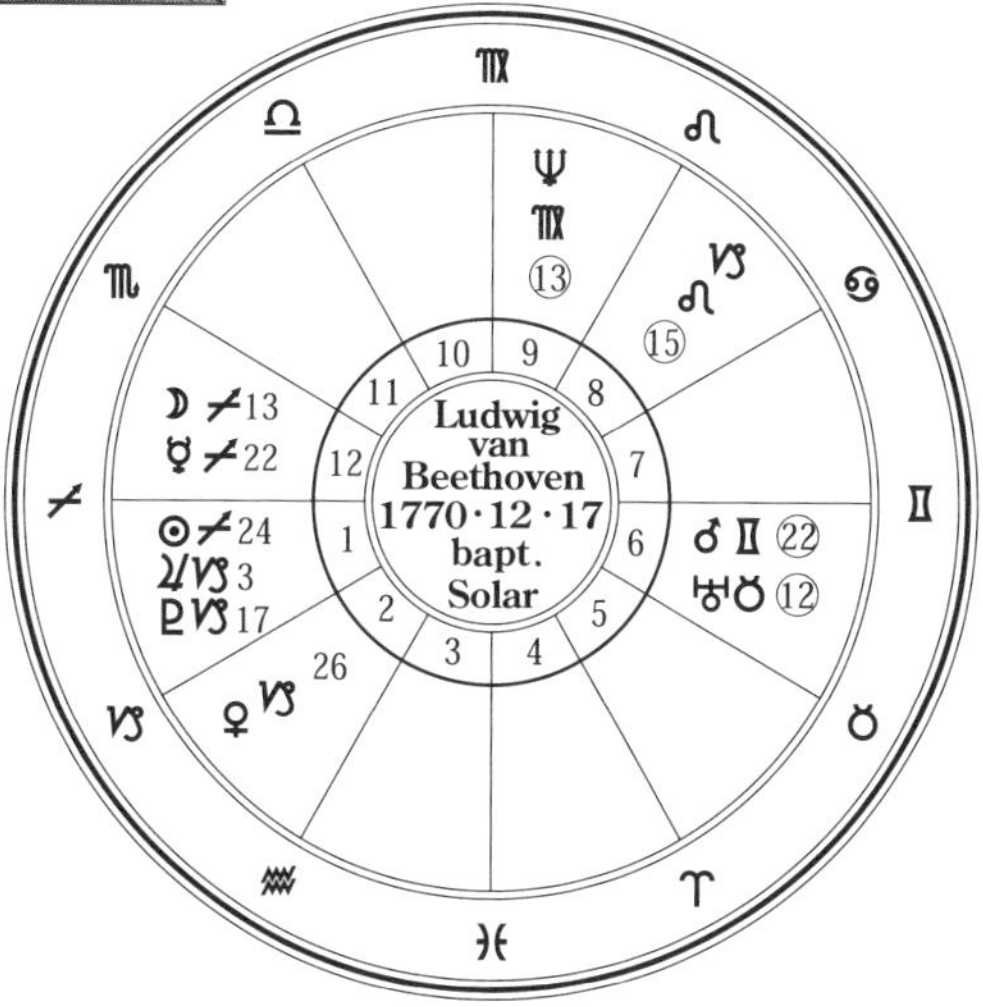

さて、作品の性格の説明に入ろう。まず、これはほかの火のサインと同じだが、まずポリフォニー（多声音楽）に対する感覚が非常に発達しているので、ご存知のとおり、交響曲、弦楽四重奏曲を代表とする室内楽の分野、ピアノ音楽に本領を発揮することになる（短い動機が支配するという点では、同じ射手座の画家クレーなどとまったく同じ構造を持っているということは、西洋占星学の概念がいかに芸術の研究に有効であるかを物語る顕著な例であろう。また、彼のスケルツォに代表される速い三拍子＝八分の六拍子のリズムも、射手座の特質であると考えられる）。とにかく構成力がある。同じ火のサインの牡羊座などと比べて大分違っているところは、牡羊座がひたすら寡黙であるのに対し、射手座は詩的な要素も兼ね備えているところである。バッハのところで述べた「聖なる獣が見守っているような」静けさは同じであるが、ベートーヴェンの場合には多少ロマンティックなものがある。これは、決して時代のためだけではない。なぜなら、天才的芸術家でのちに時代に逆行した例はいくらもあるし、もしあなたの敬愛する友達に射手座がいるなら、あなたはその人の中に同じもの——すがすがしいのだが、微妙にロマンティックな性質——を感じ取ることができるからだ。

ほかに射手座の作曲家には、ベルリオーズ、フランク、ヴェーベルンらがいる。

【ジム・モリソンとジミ・ヘンドリックス】

クラシック音楽において射手座はあまりにも重要で、ついつい長くなってしまったが、ポピュラー音楽の世界ではどうだろうか。一般に射手座は、クラシック音楽においてほど、ポピュラー音楽ではかばかしくない。自分の音楽内容に対して完全に専制君主的に振る舞うし、一人で孤立すると完全にはぐれ者になってしまう。グループ・サウンズには、本来向いていないのかもしれない。しかし、ここまで読んできた読者は分かるように、ベートーヴェンについて述べたほとんどの特性が、ここで挙げる射手座のアーティストに当てはまってしまうので

ジミ・ヘンドリクッス　Jimi Hendrix

1966年にジミ・ヘンドリックス・エクスペリアンスを結成し、以降「ギターの神様」としてさまざまな名演を残した、ロック界の伝説的存在。中でも、ウッドストックにおける「星条旗よ永遠なれ」の変奏は、あまりにも有名である。1970年9月、睡眠薬の多量摂取による呼吸困難で死亡。その死後も、さまざまな貴重音源が発見されている。

CD写真『クライ・オブ・ラヴ』
The Cry of Love

ジミ・ヘンドリックス

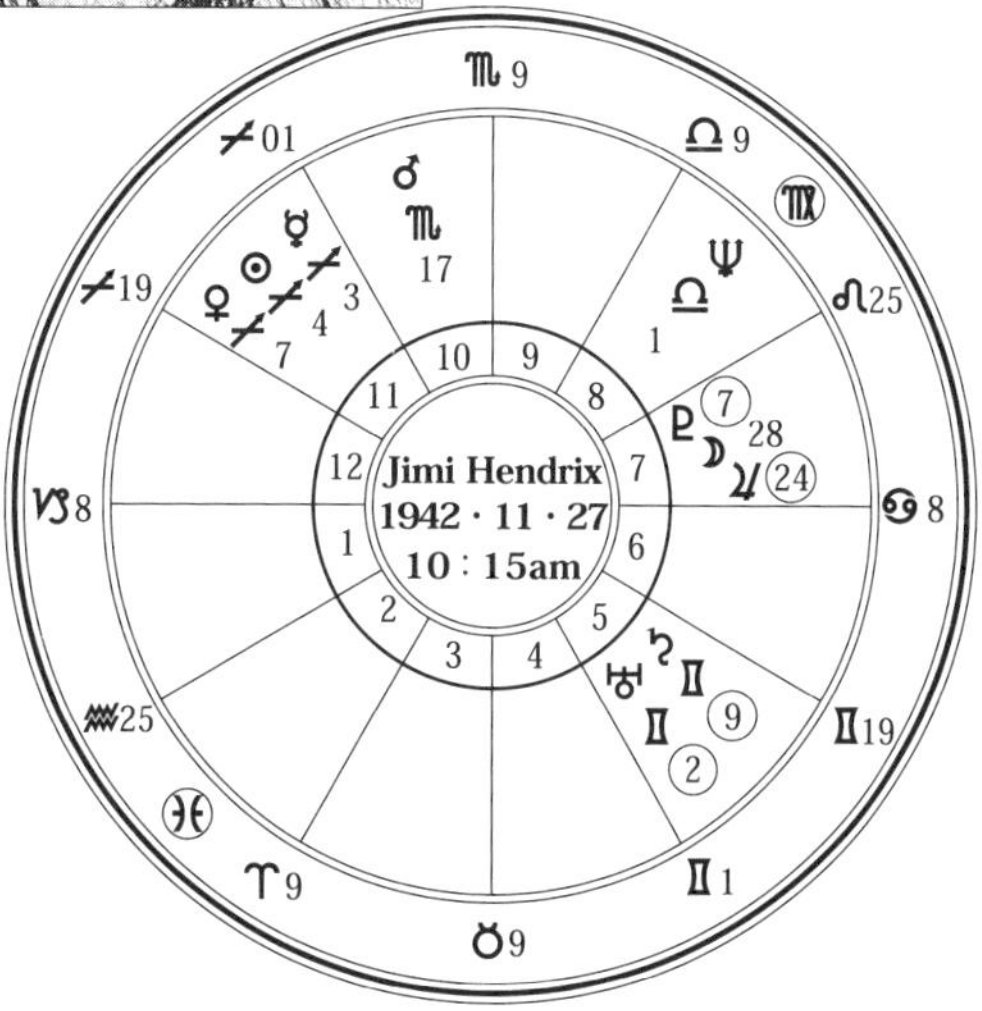

ある。

ジム・モリソンは一九四三年十二月八日、フロリダ州メルボルンで、美のサイン牡牛座の月のもとに生まれた。ニーチェやボードレールを愛するこの詩人肌の青年は、自らヴォーカルをとり、オールダス・ハックスレーの小説『知覚の扉』でも引用されたブレイクの詩の一節からとった「ドアーズ」というグループ名で、一九六七年に活動を始める。「愛・セックス・死」を掲げたこのバンドは、みるみる時代の寵児となり、ロックに新しい側面を切り開くことになった。モリソンは非常に進歩的な思想を持ち、また記憶力が抜群によかったらしい。芸術に携わる人々のなかには、モーツァルトをはじめ抜群の記憶力を持つ者が少なくないが、これは知覚したものを最も短絡的に記憶につなぐ射手座の影響を受けた者の頭脳構造の現われの一つである。しかし、人気が上がる一方で、彼は酒とドラッグに溺れてゆく。これは、彼の意図とポップ・スターとのギャップに悩んでのことだとも言われている。そして決定的な事件は、一九六九年三月のマイアミでのコンサートで起こる。酔ってステージに上がった彼は、曲の最中でマスターベーションをし、度重なる裁判のために活動を余儀なく停止することになるのだ。人気は上がる一方だったが、ポップ・スターであることを嫌い、詩人としての再出発を図ろうとパリに渡った彼は、一九七一年、二十七歳の早すぎる死を迎えることになる。

射手座のアーティストたちには、どうしてこんな結末を迎える人が多いのだろう。彼らはあまりに感覚的で、目の前にある胡散臭いものを許すには潔癖すぎた。一方、酒や薬に溺れやすい性質が、早逝に拍車をかける。ギターの神様と呼ばれたジミ・ヘンドリックスは、死んだとき二十四歳。あちらこちらのバンドを転々としたが、その独創性のために馴染めず、一九六六年に自分のバンドをつくってからたった四年間のうちに、彼は天才の名を欲しいままにしていた。彼の月は蟹座にあり、激しく感情が絡まるようなギターのフレーズが、それを雄弁に物語っている（彼のホロスコープは、はっきり言って、麻薬などやったらとても長生きができるわけがないと思うくらい、感性でズタズタの態を呈している）。死因は、睡眠薬の多量摂取による呼吸困難ということだった。

映画界で馴染みの深い射手座の人に、ブルース・リーがいる。同じ火のサインでも、牡羊座のジャッキー・チェンと比較してみれば、その違いは一目瞭然である。ブルース・リーの映画に見られる、あのカミソリが頬先をすり抜けるような感覚、研ぎ澄まされた神経を、射手座のアーティストたちの多くが持っているとするなら、それは何と精悍で真摯な感性の芸術だろうか。これはもう、牡羊座や獅子座とはまったく違う。孤独で乾いた澄み切った世界が、そこにある。

海外のほかの作曲家には、フランク・ザッパ、ギルバート・オサリヴァンらがいる。

また、ジャズ・アーティストには、次のような人たちがいる。ジャコ・パストリアス、マッコイ・ターナー、ジム・ホール。

【尾崎豊とＨＩＤＥ】

こうした射手座の真摯な情熱が日本でも開花し、消えていった例がある。言うまでもない、Ｘ－ＪＡＰＡＮのＨＩＤＥであり、尾崎豊である。

尾崎豊は一九六五年十一月二十九日生まれ。月は水瓶座だ。普通の射手座以上に友情を重んじ、爽やかな気質である。水瓶座は、世相や人々のニーズを素早くキャッチする独特の感性を持っている。悩める若者たちの心を強く前向きに歌いあげたファースト・アルバム『十七歳の地図―セブンティーンズ・マップ―』に続くセカンド・アルバム『回帰線』は、発売されたその週にヒット・チャートの一位に上りつめる。そして、続く『壊れた扉から』も二〇万枚をセールスした。しかしその直後、一九八六～八七年のことだが、突如、一年半ニューヨークに姿を隠す。彼のことだ、自己を探究するための渡米だったに違いない。しかし、この間に彼の身体は酒のためにボロボロになってゆく。ニューヨーク行きは何にもならなかった。そして、一九八七年末には覚醒剤で逮捕される。外見はワイルド、心の中はひどくナイーヴ、これが射手座の個性なのだ。一九八八年二月に釈放のあと一九九〇年の秋ごろまでは、束の間の幸福な日々がある。結婚、長男の誕生……。しかしその後、有名アイドル女優との不倫問題、母親の急死と、彼は疲れ切ってゆく。そして一九九二年四月二十四日、肺水腫による急死。関係者によると、創作に行き詰まると酒に頼り、また多量の睡眠薬や風邪薬も常用し、神経内科にも通っていたということも分かった。

しかし、それにしても射手座の芸術家は何を悩み、何を求めるのか。彼らは理想主義者でありながら、その世界に浸り切れず、さりとて俗界の成功にも甘んじることをせず、現実のあり方に反発しすぎるのだ。彼の生前の笑顔には、射手座の若者特有のすがすがしさがあふれている。そして、その音楽の開放的に突き進むリズム、そして時折スローなナンバーで見せる彼のメロディーの可能性が、あまりに射手座的であるという点で、彼の微笑みと重ね合わせになってしまう時、これも芸術の神が彼に選ばせた一つの生き方だったのかと思わずにはいられない。

ここでは、特に分かりやすい射手座のロック・アーティストを取り上げた。もちろん、射手座には常に人生破綻の突然死の傾向があるなどと言っているわけではない。ただこれらは、彼らの真摯な情熱が、あまりに純粋な形で現われてしまった極端な例に過ぎない。実は、射手座は一般にはアコースティック・サウンドも得意で、旅情を感じさせるものも多い。松山千春、世良公則、森田健作、イルカ、谷村新司など（ちなみに、映画『男はつらいよ』のテーマソングを書いたヒゲのオジサン、山本直純も射手座だ）。ギター片手に笑う彼らの清々しい笑顔は、本当に自由と孤独を愛する、いにしえの吟遊詩人たちを想わせるのだ。ほかには、小室哲哉、高野寛、高橋克典、HAKUEI、布施明、柴崎浩（WANDS）、小室等、いわぶちかつひこ、永井真理子、橘いずみ、原由子、大貫妙子、草野マサムネ、椎名林檎、田村直美、恩田快人（JUDY AND MARY）、bird、桃乃未琴、おのまきこ（花花）らがいる。

風のサイン……協奏曲・オペラ、並列的音楽

4　双子座　ワーグナー、P・マッカートニー、そして筒美京平
——形式の破壊と追従を許さぬオリジナリティ

5/22～6/21生まれ

分類　男性＝外発的音色
　変移＝息を吸っては吐くような三拍子系のリズム
　風　＝明確なメッセージ性と精神的余裕

一般的性格：明るく活力があり、反応が速い。多血質。移り気。円満な人の良さ。一般に「クール」と言われるのは、一つのことに捕らわれない精神的余裕の意味。

双子座は、一般に言われている冷静なイメージよりは、はるかに活力があり多血質である。明るくフレンドリーであると同時に、パワフルでどっしりしていると言えば近い。

【ワーグナーとR・シュトラウス】

双子座に限らず、風象の三サインは、クラシックでは明らかな特色がある。まず、何と言ってもオペラが得意なことだ。ワーグナー、R・シュトラウス、ヴェルディ、モーツァルト、ロッシーニなど、予定調和的な独特の世界観を創り上げるのである。このことは、風のサインの影響が少ない巨匠を挙げてみると、さらに明らかになる。バッハ（火）、ベートーヴェン（火）、フランク（火）、マーラー（水）、ブラームス（地）、ブルックナー

（地）など、これだけの巨匠、多作家でありながら、オペラにはまったく手をつけていない（ベートーヴェンだけが『フィデリオ』を書いてはいるが、ほかの分野での充実ぶりから考えると、この人がいかにこの分野に適していなかったかを露わにしている。また、ここに列記した人の中では、彼だけが多少、風のサインの影響を受けている）。

話を双子座に戻そう。双子座の特色は、風のサインでありながら、ほかの二つのサイン（天秤座・水瓶座）よりも、ぎらぎらと前面に張り出してくるような活力があることだ。まず、次のポイントをおさえておきたい。

(1)　強く前面に張り出してくる活力がある。そして快活。

(2)　息を吸っては吐くような独特の三拍子系のリズムが前面化しやすい。

(3)　形式感がない（作曲家が思い浮かべた曲想と現実の音楽様式がどこか一致していないため、新しいやり方で曲を創ることになるのだが、そのやり方も新しく客観化するにはあまりに彼一流の感性と深く結びついているため、結局、誰もが利用できる形式とはならない。様式を破壊するとも言えるし、あらゆる様式を利用できるとも言える。型破り）。これはロマン派の概念に近いものだが、そこで次のような特色を生む。

(a)　既存の様式におさまらず、そのため同じ作風の後継者が出にくい。

(b)　性描写などのきわどい題材も、その破天荒な押し出しの強さで芸術の域にまで高めてしまう。

(c)　移り気で、しかもメロディーやリズムを自在に選択することができるので、曲が最初と最後で全然違うものになってしまったりすることもある。

(d)　ロマンティックかつ予定調和性＝現実感や現実との異和感より、作者の内面世界が先行する。

(4)　時代の旗手となるメッセージ性

リヒャルト・ワーグナーは、一八〇三年五月二十二日、ライプツィヒの生まれ。彼には、神童に似つかわしいところはまったくなかった。双子座や乙女座など、水星支配のサインは、幼少期にはっきりとした音楽の才能を示さないことがある。水星は知性の象徴だが、まだ自我の発達していない幼少期に大人に認められるような才能を発揮するには、無意識的な感性の先行が必要であり、常に感性に意識が伴う双子座などのサインは、必ずしも実力を発揮するとは限らないのだ（乙女座の作曲家としてはブルックナーが典型的だ）。むしろ、これらの人々にとって幼少期とは、まだ世間的な形ではまとまりきっていない自分の雄大な感性を、夢見がちにいつくしむ時期なのだ。こうした型にはまりにくい感性の形態が「形式感がない」ということなのだが、これが彼を、その青年期に文学・哲学・思想などさまざまな分野に目移りさせ、また革命的な危険思想家と扱われたりすることにもつながってゆく。しかし、これは単なる遠回りではなかった。なぜなら、彼は後の作品群で、こうした神話・伝説・詩・心理学・哲学・宗教・ナショナリズム・舞台芸術など、およそ考えつく限りの諸概念を、自家薬籠中のものとするどころか、それまでどのような天才もなし得なかった空前絶後のスケールとパワーで、作品内に持ち込むことになるのだから。一般的な言葉では、「移り気でマルチ人間」と呼ばれる双子座の感性が、ワーグナーにおいては何と豊かでダイナミックに開花したことか。つまり彼にとって、落ち着かない、何にでも目移りする貪欲な双子座の気質は、青年期を後の巨大な才能の爆発を支える多彩な教養の吸収期間として必要とされていたものだったのだ。これは、まさに絶対にして必要な条件だった。彼の作品の多くは、一般に言われる歌劇とは区別して「楽劇」と名づけられているが、これも既成の様式にすっぽりとはまることができずに、あらゆる分野を自分の個性でごちゃ混ぜに巻き込んで独自のものにしてしまい、その結果、後にそれをそのまま受け継ぐ作曲家が現われないという双子座のあり方を示している。

ワーグナーのいわゆる「無限旋律」は、音の流れを中断することなしに旋律をつないでゆくものだが、ロマン

リヒャルト・ワーグナー　Wilhelm Richard Wagner

（1813.5.22 ライプツィヒ〜1883.2.13 ヴェネツィア）

ドイツの作曲家。彼の創始した「楽劇」は、中世のロマンス・宗教神話や英雄伝説といった主題に当時の文化・思想・哲学・宗教・心理学ほか森羅万象を反映させ、音楽・文学・演劇が一体化した壮大な総合芸術だった。作品群の完全な上演のため、自ら祝祭劇場まで建てた。『トリスタンとイゾルデ』『タンホイザー』『ニーベルングの指輪』などが代表作。

ワーグナー

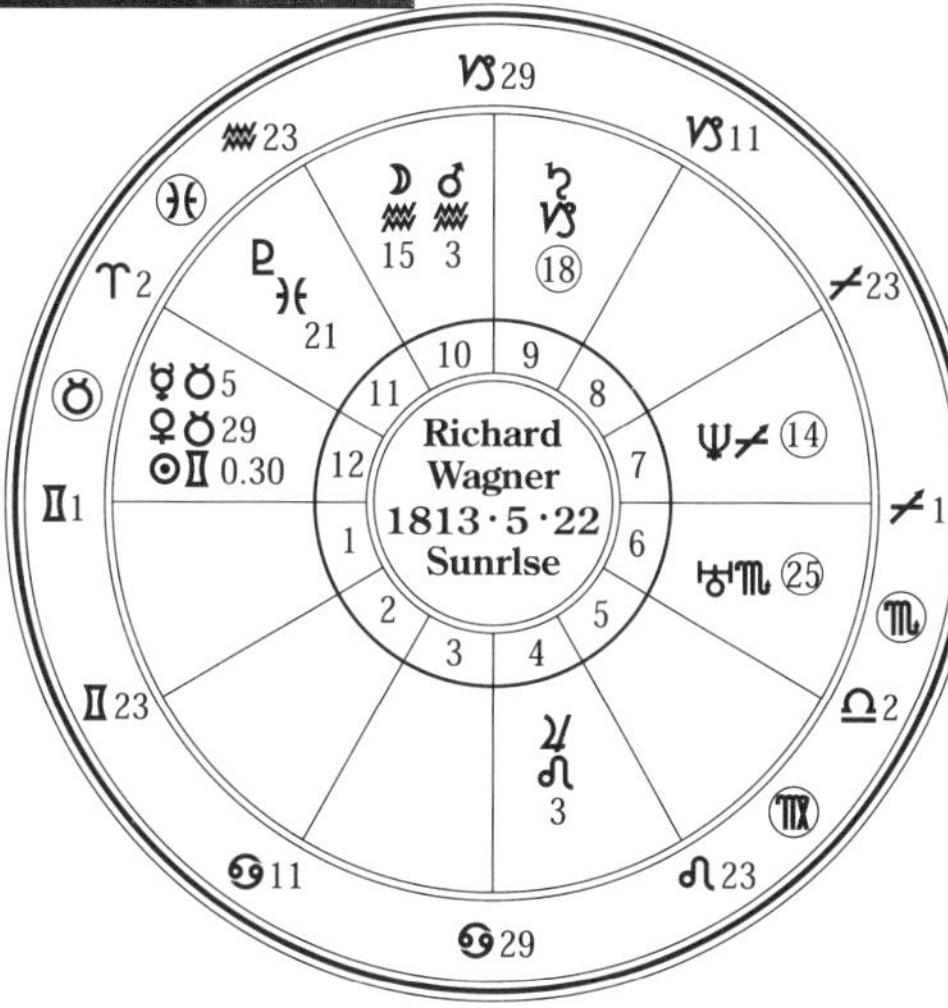

派最後の巨匠リヒャルト・シュトラウスもまた、はっきりと形式によって区切られない、常に変化し続いてゆく旋律を書いた天才である。彼もまた、形式の破壊者としてよく論じられる。彼の作品は歌劇のほかに交響詩が有名だが、交響詩『英雄の生涯』では、双子座の英雄観がはっきりと分かる。同じ「英雄」でも、双子座の対極に位置する射手座のベートーヴェンの第三交響曲のそれは闘争的で挑戦的だが、R・シュトラウスのそれは双子座的な「楽天的で予定調和的」な感性に満ちている（この対照は、実は交響曲的構造と交響詩的（オペラ的）構造の違いまで、図らずも提示することになっている）。双子座のこの性質は、スタンリー・キューブリックの映画『２００１年宇宙の旅』で有名になった交響詩『ツァラトウストラはかく語りき』の導入部でもよく分かる。クラシック曲で双子座を理解したい人は、まずこの曲のこの部分、それからワグナーの『ニュルンベルグの名歌手』前奏曲、ストラヴィンスキーのバレエ組曲『火の鳥』の終曲を、連続して聴いて欲しい。理屈抜きで、彼らの自己の打ち出し方が分かるだろう。

ほかには、シューマン、グノー、グリンカがいる。前記の作曲家たちほど分かりやすい個性ではないが、形式感のなさは共通である。

【時代の寵児――ポール・マッカートニー】

ビートルズのメンバーの一人、ポール・マッカートニー（本名ジェームズ・ポール・マッカートニー）は、一九四二年六月十八日、イギリスのリヴァプール、ウォルトン区で生まれた。ジョン・レノンとの歴史的な出会いは、彼が十七歳になったばかりの時だった。二人は、すぐに互いの資質を見抜き、意気投合する。才気先行型のレノンに比べ、メロディー・リズム共にバランスのとれたマッカートニーの才能は、数々のヒット曲を生み出すことになるが、彼に不足していた資質をあえて挙げれば、レノンのような超然とした芸術家精神ではなかった

ポール・マッカートニー　Paul McCartney
ジョン・レノンと並ぶビートルズのメイン・コンポーザーであったポールは、ビートルズのメンバー中、解散後最も商業的に成功を収めた。ポップだが音楽的実質も高い作風もさることながら、アレンジャーそしてベーシストとしても超一流である。数ある名作の中でもアルバム『バンド・オン・ザ・ラン』は非の打ちどころのない完成度を誇っている。

ポール・マッカートニー

CD 写真『バンド・オン・ザ・ラン』
Band on the Run

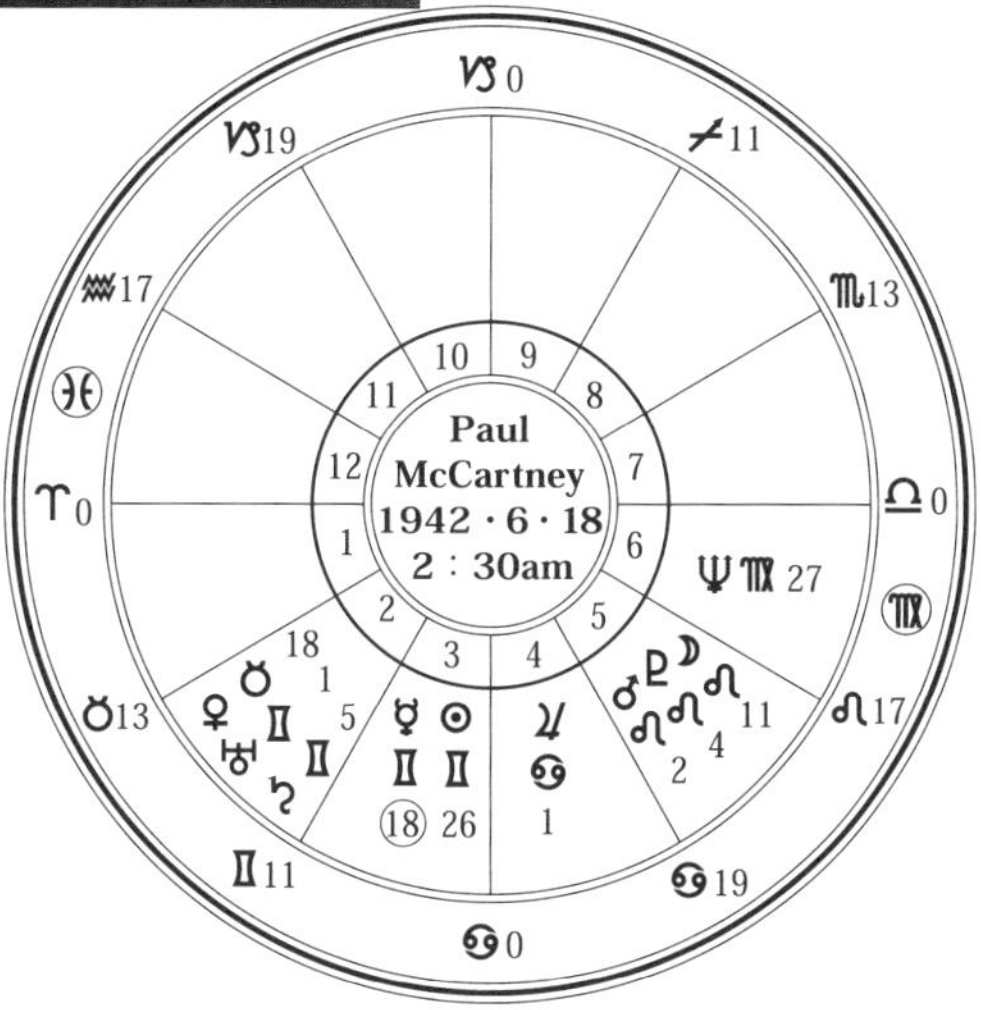

か。彼の円満で何でも取り込もうとする気質は、天才ならではの、人を見下したような傲慢さが、少なくとも最初は少なかった。たとえば、英国王室から授与されたＭＢＥ勲章も、レノンは女王に送り返し、レノンの信奉者だったジョージ・ハリソンも、レノン同様「勲章など戦車を乗り回し人殺しをするともらえるものだと思っていた」というような意味の皮肉を漏らしているのに対し、マッカートニーは実に無邪気に喜んでいる。ワーグナーのところでも分かるように、双子座は理解されるものはどんどん取り込んでゆこうという拡大欲が大変強い。しかも、このしたたかさは、彼らの場合、実に無邪気だからなお始末が悪い（ワーグナーが彼の弟子ハンス・フォン・ビューローの妻コジマを寝取ったことは有名であるが、彼はこの筋の常習犯だった。他人のものは自分のもの。しかも、毎回ちゃんと「理由」がある。恋が成就すれば、彼は堂々と二人の至高の愛を賛美する曲を書くのである）。こうしたマッカートニーの特性も、『ラバー・ソウル』という革命的アルバムで克服されることになる。一曲目の「ドライヴ・マイ・カー」は、いつもの共作のクレジットだが、半分以上マッカートニーの手によっていることが明らかである。この曲はショービジネスを軽蔑し、また警戒する彼らの「芸術家宣言」とも言えるものだ。レノンの天秤座独特の傲慢さ（ちなみに、詩人のアルチュール・ランボーも天秤座である）を吸収したマッカートニーは、ロック、いや全ポピュラー音楽の金字塔ともいうべき傑作アルバム『サージェント・ペパーズ・ロンリー・ハーツ・クラブ・バンド』制作の原動力となってゆく。

　またここで、マッカートニーの才能の特色の一つとして、その変移性を取り上げてみたい。ビートルズ時代の「ユー・ネヴァー・ギヴ・ミー・ユア・マネー」や大ヒット曲「バンド・オン・ザ・ラン」など、気まぐれに、しかし実に破綻なく自在性をもって変わるさまは、本当にＲ・シュトラウスらと共通している。また、シュトラウスは傑作歌劇『薔薇の騎士』の序曲でセックス・シーンを音で表現し、ワーグナーは性愛はもとよりすべての森羅万象を包括する楽劇を書いたが、同様にマッカートニーの作品にもセックスにまつわるものが多くある。ただ、注意したいのは、彼らは明るい生命力、青春の賛美としてそれを極めて芸術的な視点から行ったのであり、単にセンセーションを意識してギスギスと現実を意味ありげに語ったり、悪趣味な性の神聖化と意味づけを行うような、凡百のパフォーマンス屋とはわけが違っていた。一九七二年発表の「ハイ・ハイ・ハイ」は、セックスを想像させるという理由で放送禁止となったが、双子座ならではの力強く弾むような、それでいて破綻のないリズム感は、彼の傑作と呼ぶにふさわしい出来栄えだ。

ほかに海外の双子座のアーティストとしては、ボズ・スキャッグズ、ビートルズが高く評価したハリー・ニルソンらがいるが、とにかく息を吸っては吐くような独特の弾むリズムに特徴がある。マッカートニーの「愛しのヘレン」とスキャッグズの「ジョジョ」、そしてニルソンの「小犬の歌」を比較してみるとよく分かり、楽しい。ほかの海外の双子座アーティストに、ボブ・ディラン、プリンス、ボーイ・ジョージらがいる。

また、ジャズ・アーティストには、次のような人たちがいる。マイルス・デイヴィス、チック・コリア、ベニー・グッドマン。

【日本歌謡界の天才児――筒美京平】

日本にも多くの双子座のアーティストがいるが、まず忘れることができないのが、ヒット・メーカーの筒美京平だろう。読者の中には、カラオケに行って歌われる曲のクレジットが彼の名前ばかりだと、改めて驚いた人もいるのではないだろうか。「ブルー・ライト・ヨコハマ」「魅せられて」「スニーカーぶる～す」や「サザエさん」の主題歌から、最近では中西圭三、ピチカート・ファイブ、高橋由美子らへの曲提供など枚挙にいとまがないが、彼の場合、何でも吸収する双子座の性質は、もっぱら要求されたヒット曲を作ろうという、先のマッカートニー的な取り込み術の意識を軸にした双子座独特の変幻自在な作曲能力となって展開し、実にさまざまな形でヒット・チャートに貢献することになった。筒美の曲を歌う歌手を一堂に招いて舞台に上げたら（人数が多すぎて現実には不可能だが）、それだけでも「日本歌謡界」というワーグナーの楽劇ばりの絵模様が再現されることだろう。

双子座のアーティストはほかに、都倉俊一、上杉昇（WANDS）、宮本浩次（エレファント・カシマシ）、TERU（GLAY）、TAKURO（GLAY）、ウルフルケイスケ（ウルフルズ）、ドリアン助川、浅田祐介、石川よしひろ、角松敏生、区麗情、裕木瑠華、CHAR、アン・ルイス、上田知華、陣内大蔵、辛島みどり、堀込高樹（キリンジ）、美空ひばりらがいる。

5　天秤座　ヴェルディとジョン・レノン、そしてＫＡＮ
——至高の予定調和、人類愛のスポークスマン

9/24〜10/23生まれ

分類　男性＝外発的音色
活動＝たたみかけるようなリズム
風　＝明確なメッセージ性・精神的余裕

一般的性格：礼儀正しく美意識が強く、洗練された都会性をもつ個人主義者。母性愛・子弟愛より人間的友愛を好む。いろいろな意味で「楽」が好き。しかし、困難に耐える精神力は抜群。

【『アイーダ』とヴェルディ】

天秤座は美意識が発達していると言われるが、彼らの場合、これは非常に明晰なものだ。知性と感性の調和は、余計な感傷や饒舌を嫌うので、彼らの音楽は実に音型のすっきりとした、明確なものとなる。感情的でないと言うと、我々はすぐに淡白で怜悧な感性ばかりを思い浮かべがちだが、無駄を省略するという行為は、実は作品に対する大変に深い理解を必要とするので、むしろ表現の点でほかの作曲家より、より豊か、かつ自由で、さまざまな感情を網羅するものになっているのではないだろうか。ともかく天秤座の作曲家には、自分の作品を明確に理解しているという点で、大変に知性の勝った作風の人が多い。音の感触が明晰でカチッとしていて、グチャグチャしていないものが多いということになる。

ここで、多少なりともヴェルディの作品を知っている読者の方は「エッ」と思われるかもしれない。この大オペラ作曲家が手掛けたものは、最後の『ファルスタッフ』を除いてみな悲劇ではないかと。しかし、メロディー

も音型も、あくまですっきりとした作風を保っているのである。一般に、作曲家は晩年になるにつれ、ワーグナーのようにいろいろなものを取り込んで神秘的な色彩を帯びてくる者と、贅肉がそぎ落とされて象徴的な明確さを身に付ける者とがいるようだが、天秤座のヴェルディは典型的に後者に属している。

ジュゼッペ・ヴェルディは、一八一三年十月十日、イタリアのレ・ロンコーレに誕生した。彼のホロスコープは、天秤座の特徴のほかに、まず強烈な牡羊座の影響を露わにしている。ヴェルディの癲癇《てんかん》質的性格および音楽は、この牡羊座の月の強力な援助によって、すさまじいヴァイタリティを与えられているのだ。そして、蠍座にある金星の位置は、のちに彼が見舞われた事件、最愛の妻と二人の子供を疫病で失うという悲劇を暗示している。こうした理由でヴェルディの曲には悲劇が多いのか、それとも現実は、彼の才能の資質の一つの象徴的な現われに過ぎないのか。人生、作品、ホロスコープの一致は、私たちに謎掛けをしているかのようである。

歌劇『アイーダ』の初演は一八七一年、カイロで行われ、輝かしい成功を収めた。この歌劇は、エチオピア王女のアイーダと敵国エジプトの若き将軍ラダメスの運命的な悲恋を扱ったものである。こうした歌曲の台本は、それ自体は台本作家が書くのだが、作曲家の解釈に従っていろいろと手が加えられるので、結果的に作品の打ち出すイメージは、台本作家のものというよりも作曲家の世界観にほかならない。『アイーダ』に見られる運命の非情さというよりも公平さは、まさに天秤座の性格を露わにしている。蟹座や乙女座が弱きを助け強きをくじく母性愛のサインだとすれば、天秤座は絶対平等主義なのだ。彼らは弱い者に優しいが、甘やかすことはしない。愛は愛、罰は罰なのである。天秤座は贔屓《ひいき》をしない。アイーダを愛したラダメスは謀反の罪に問われる。彼を愛する強気で美しいエジプト王女アムネリスの必死の抗議も、神聖な裁判の前には無力だった。アイーダとラダメスは地下牢に閉じ込められ、共に息絶えるのである。ロマンチックな双子座のワーグナーの楽劇に比べると、何とも無情な感すら漂うが、これがヴェルディの、清冽で情熱的でも、決して甘ったるくならないという、天秤座

ジュゼッペ・ヴェルディ　Giuseppe Fortunio Francesco Verdi
(1813.10.10 レ・ロンコーレ～1901.1.27 ミラノ)
イタリア・オペラ史上最大の作曲家。同時代のワーグナーがドイツ・オペラの根本的改革をしたのと対照的に、イタリア・オペラの伝統を受け継ぎつつ純度の高い輝かしい音楽を創った。旋律の美しさ、管弦楽の充実、巨大なスケール、ドラマとしての緊密な構成、音楽・演劇両面での精神性が特徴。『アイーダ』『オテロ』『ファルスタッフ』などが代表作。

ヴェルディ

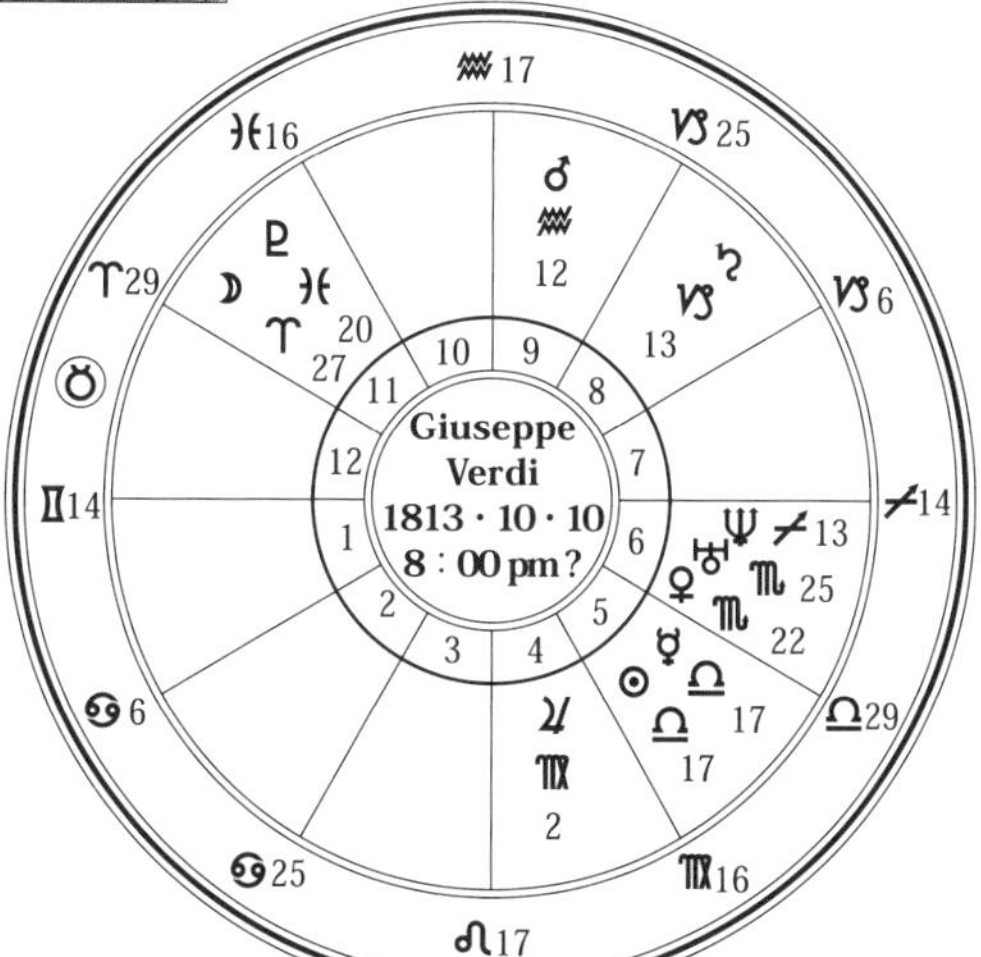

独自の資質の現われなのだ。天秤座がこのようにリアリストであるなら、では理想主義者ではないのかというと、そう決めつけるのはあまりに短絡的である。彼らは完全に理想主義者である。ただその理想が、人に何でも許してしまう「夢」なのではなく、自分たちの理念であり、「かくあるべき」という思想なのである。ヴェルディはまた、ワーグナーをさして次のように言っている。「……彼はあり余る才能の持ち主であるが、この上なく曲がりくねった道に踏み込んですっかり満足している音楽家だ。……自分には翼があるのだと思わせようとする人たちがたくさんいるが、それは実は彼らが自分自身の足でしっかりと立っていることができないからなのだ」。天秤座の天才ヴェルディは、同じ風のサインである双子座のワーグナーの特長と弱点を鋭く見抜いていたのだった。

序曲、「浄きアイーダ」「凱旋行進曲」「勝ちて帰れ」など、この歌劇の中には比類のない名曲がたくさんあるが、すべてに共通しているのは、その独特の晴朗さだ。暗くても輝かしくても、決して混濁することのない、理念と調和した天秤座の美意識の世界がそこにある。そしてその世界では、対立要素としての彼の牡羊座的癲癇質がしばしば火を吹くのが聴かれる。このダイナミズムは、単なるイタリア・オペラ的大風呂敷とはすでにまったく別次元のものだが、この二つが最も高い次元で融合したのが、第二幕のグランド・フィナーレである。ここには、ヴェルディの、個々の性格を感情で歪めずに正確に描き出すという、天秤座的才能が遺憾なく発揮されている。アイーダの絶望、ラダメスの苦しみ、アムネリスの歓喜、アイーダの父の秘かな復讐の決意、そしてそんなそれぞれの思惑をよそにエジプトを褒め称える祭司たち、国王、民衆たち、奴隷たちのそれぞれの賛歌、それらすべてが、どうにもならない形で絡み合いながら「栄光あれ！」という一つの絶叫となって突きあげる。この「栄光あれ！」とは、台本としてはもちろんエジプトに対するものなのだが、これは聴いている私たちには、まさに人類そのものに対する賛美として響いてくる。苦境にあえぐ人間、喜びに胸を震わせる人間、思索をめぐらす人間。それぞれがさまざまな境遇に置かれていても、ただ一つ共通しているのは、私たちが「それを意識している」という誇りを持てるということだ。これがまさに、人間が人間たるゆえんなのだ。こうした視点から人間を見つめようとするのは、天秤座を含む風のサインの特徴である。私が『アイーダ』を聴いていつも思い出すのは、やはり強烈な風のサインの影響を受けた彫刻家オーギュスト・ロダンの未完の大作「地獄の門」である。苦しみあえぐ人々、その中央の高いところに例の「考える人」がいる（この有名な作品は、実はここから抜き出したものだ）。風のサインは、「万物の霊長たる人間の思想を表わす」とされるが、この視点を大変よく表わしている。このような、人間が人間であるが故に課せられた、そして平等であるが故に厳しい、至高の予定調和説、これが天秤座の世界観なのである。

こうした天秤座の傾向を表わすもう一人の巨匠がいる。「この音楽は実に厳しい。まったく厳しい。このような音楽が、あんなひどく小柄な男から生まれるとは……」と、ストラヴィンスキーをして言わしめた人、武満徹である。そして、ショスタコヴィッチもこのサインに属している。また、太陽が天秤座だというわけではないが、大変に強く天秤座の影響を受けている（月が天秤座にある）作曲家を挙げると、プロコフィエフ、ヤナーチェク、シェーンベルクがいる。いずれも饒舌を排し、無駄を切りつめ、独特の世界を造り出した作曲家である。

【人類愛のスポークスマン――ジョン・レノン】

風のサインは皆オペラが得意だと述べてきたが、これらのサインがポピュラー音楽においてメッセージ性が強いということを考え合わせてみるのは面白いことである。風の三つのサインは、時代のスポークスマンとなりがちなのである。その題材を選ぶ時、天秤座のアーティストには、「人類愛的友愛」という非常にはっきりとした一つのテーマがある。「イマジン」「アメリカの歌」「ボーン・イン・ザ・ＵＳＡ」「愛は勝つ」といった具合に、タイトルを並べるだけでもうなずけるのではないだろうか。こうしたテーマを、彼らは非常に純粋な、混じり気のない（つまり現実の余計な要素を交じえない）形で表現するのである。また、徹底的な個人主義者であるから、人の才能や個性を伸ばすことには大変親切だが、個人のお金を公的な分野に寄付したりするようなことはほとんどしない（もちろん、これは一般論である）。愛に基づく世界平和。無干渉・非暴力主義。そのため、彼らの思想はしばしば非現実的だという非難を受けることになる。

ジョン・ウィンストン・レノンは一九四〇年十月九日、イギリスのリヴァプール、ウールトン区で生まれた。ホロスコープ上には水瓶座の月、そしてヴェルディと同じく牡羊座の影響も強い。父親は密輸容疑で逮捕され音信不通、母親は夫・子供を顧みない恋多き女。やむなく彼は、三歳の時に伯母に預けられることになる。孤独な少年時代、彼はガキ大将となり、「生まれながらの問題児」というレッテルを貼られる。人間としての成熟期以前に不幸を体験した天秤座は、独特の耐久力でこれを乗り越えるのが普通だ。人生の激しい緊張を通して、鋭い人生観を身につけることが多い。そして、経験にあまり身を汚さないのも特徴だ。風のサインの思想は典型的な合理論者で、経験論的ではない。だから、「俺はこんな苦労をしたから認められた」という発想は皆無だ。人間とは生まれつき偉いのだ。自分の不運などは「質《たち》の悪いジョーク」というぐらいにしか捉えない。レノンの全生涯にわたる詞・音楽に共通しているのは、人間が人間である以上誰もが同じように持つ尊厳の問題に、どこか彼の感性が常に触れていることである。これが、先ほどの「地獄の門」的な人間観へとつながってゆく。また、ヴェルディにしてもレノンにしても、この攻撃的体質が、天秤座の美意識の強さから必然的に発生する「お人好し」的性質を、適度に抑えるのに役立っている。レノンは、一九五七年のマッカートニーとの歴史的出会いの後、一九六二年にザ・ビートルズとして歴史的デビューを果たす。アルバム『ヘルプ！』に至るまでの初期は、まず耳当たりのよい、しかも確固たる音楽性を備えた作品群と世界的人気が特徴だが、ビートルズが芸術家とし

ジョン・レノン　John Lennon

ビートルズのリーダーとして、そしてその後はオノ・ヨーコとともに、ジョン・レノンは高度な作品を創り出してきた。作風は辛口で、饒舌なところがない。アルバム『ジョンの魂』はシンプルでありながら高い音楽性を持ち、ほかのコンポーザーが真似することのできない唯一無二の作品となっている。1980年12月8日、狂信的ファンの凶弾に倒れた。

ジョン・レノン

CD写真『ジョンの魂』
Plastic Ono Band

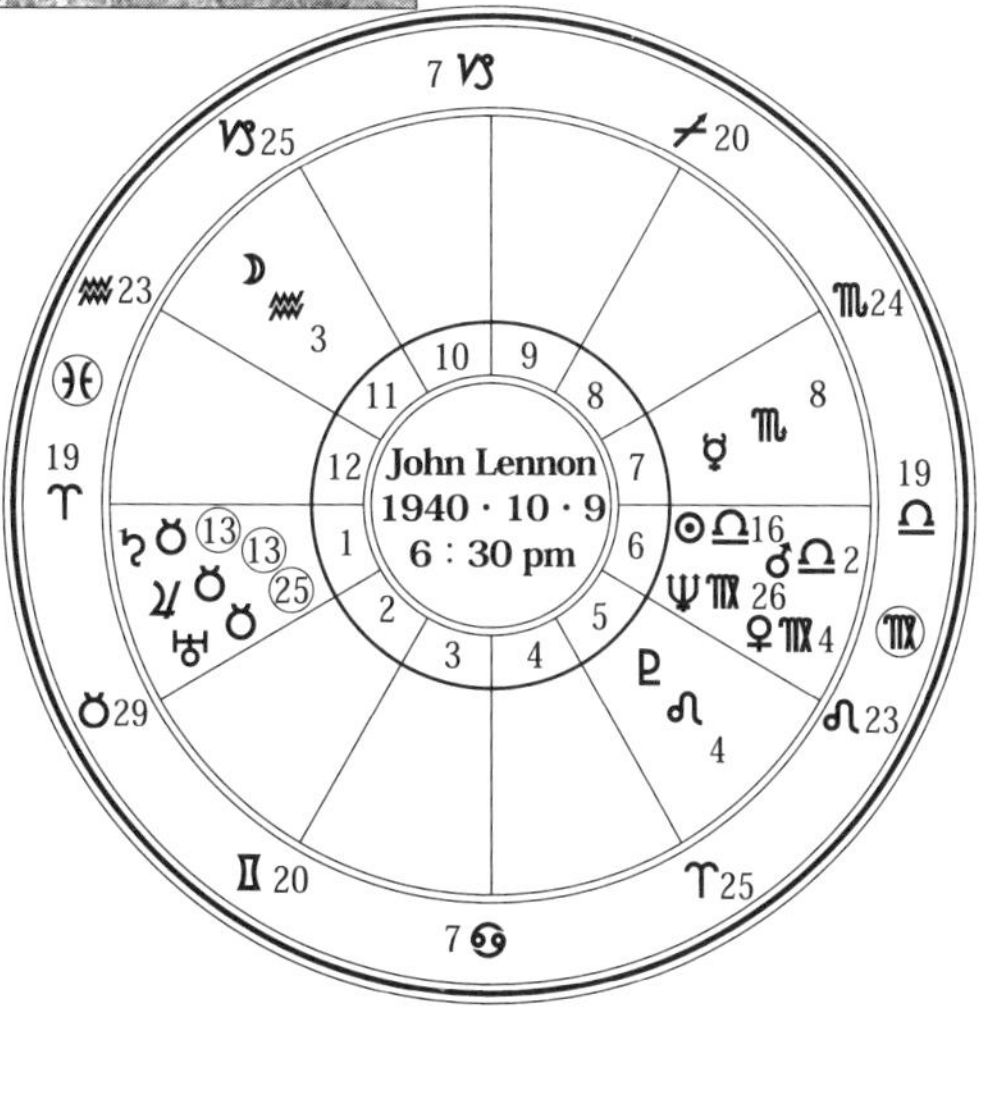

ての地位を確立するのは、その後からである。アルバム『ラバー・ソウル』では、マッカートニーが彼の影響を強く受けた「ドライヴ・マイ・カー」と共に、純粋にレノンの手による「愛のことば」が画期的作品となっている。まったく無駄のない、文化的な饒舌・感性の贅肉ともいうべきものを、およそ考え得る限りすべてそぎ落とすことによって、異常な情動性を備えることになった作品だ。彼の侮蔑嘲笑の才能がいかんなく発揮され、単純さが象徴を生むという次元に達している。そして、結局、こうした作品こそが、最大の情報量を備えているのだ（多くの自称ビートルズ・マニアの人たちが、こうした曲に注目していないのは、とても面白いことだ）。これは実に、フランス象徴詩の天才児で、同じく天秤座のアルチュール・ランボーの資質と酷似しているのである。ビートルズはそれからしばらくの後に、一切の演奏活動をやめてしまう。この判断は、レノンとマッカートニーが風のサインであることに大きく因っている。たとえば獅子座であれば、ステージ・パフォーマンスなしの音楽活動などは考えられない、あり得ないものなのだが、風のサインにとって、現実のパフォーマンスはそれほど大きな要素ではない。風のサインが「知的・情報伝達的」という形容で呼ばれるのは、そのためだ。作品を通して自分たちが頭の中に描いたものを概念として捉えて欲しいのであって、何もその人の前に出なければ伝わらないとは考えていない。パフォーマンスはその場限りだが、作品は残る。これが彼らの性向だった。アルバム『リヴォルヴァー』以降も、こうした性質がビートルズを、いや解散後の彼らをも支えてゆくのである。現実の世界での成功物語と普遍的な作品に対する自意識を明確に識別できたこと、十九世紀ならまだしも、地球的規模で商業主義・人気主義に冒された二十世紀においてこれをなし得たこと、それがレノンをリーダーとするビートルズの偉大さなのである。

さて、レノンの人生には二つの大きな出会いがある。一つは、もちろんマッカートニーとのそれ。もう一つは、もう一つの風のサインである水瓶座の前衛芸術家オノ・ヨーコとの出会いである。センセーションと拡張を求める双子座との出会いのあとに、孤高の人類愛と個人主義を求める水瓶座の人物から影響を受けることになったのも、レノンの人生の不思議な偶然、いや必然であった。ビートルズの解散後、レノンはその活動をほぼ全部、彼女と共にすることになる。アルバム『ジョンの魂』は、天秤座ならではのシンプルな作風の中に個人的独白をつめこんだ、それでいて個々の曲はすべて普遍的な人間性と結びついている傑作である。没後、彼のイメージそのものとなってしまった曲「イマジン」が、単純ながら理想世界を賛美した歌であることは言うまでもないが、彼の天秤座的なポリシー――現実的な力によるのではなく、精神的な愛の力によろうとする理想主義――は、彼の死後も「ジョン・レノン神話」として人々の胸に伝えられてゆくのである。

こうした天秤座の主張は、レノン以外の天秤座のアーティストにも、はっきりと見られるものだ。たとえば、「ボーン・イン・ザ・USA」のブルース・スプリングスティーン、「アメリカの歌」などを書いたポール・サイモン、それからシカゴの初期の作品をほとんど作曲していたロバート・ラムらがいる。初期のシカゴにおける天秤座のラムの傾向は、曲の題名を見るだけでも明らかである――「クェスチョンズ67／68」「一体現実を把握している者はいるだろうか？」「リッスン」「俺達のアメリカ」などなど。

天秤座のアーティストにはほかに、デイヴ・リー・ロス、マーク・ボラン、ジャクソン・ブラウン、リンダ・ルイスらがいる。

また、ジャズ・アーティストには、次のような人たちがいる。セロニアス・モンク、アート・ブレイキー、バド・パウエル。

ちなみに、非暴力主義を押し通し、インドに自由をもたらしたガンジー、有名なアグネス論争を引き起こしたアグネス・チャンも天秤座の影響が強烈である（彼女のアイドル時代の初期の曲は、作曲家もみな天秤座の影響の強い人が集まっていて、音楽的に大変面白い。また、アグネス・チャンの論敵だった林真理子は、天秤座の対極に位置する「絵空言は嫌いだぜ」の牡羊座である）。天秤座の理想主義的な愛の思想の主張者たちである。

【「愛は勝つ」――KAN】

ジョン・レノンの初期作品中、音楽性とポピュラー性の両立という点で、誰もが文句なしに高く評価する作品の一つに「シー・ラヴズ・ユー」がある。音楽への造詣があまり深くない人も深い人も文句なしに納得させるという点で、（ボリュームは大分違うにしても）クラシックにおけるベートーヴェンの第五交響曲のような存在である。そして、この曲の歌詞は「アイ・ラヴ・ユー」ではなく、「シー・ラヴズ・ユー」（彼女は君を愛している）なのだ。天秤座の愛に対する感性として顕著なものの一つとして、その友愛的感性がある。これは水瓶座と共通のものだ。決して独占欲ばかりでない愛の世界が、そこにある。歌詞こそ明確ではないが、「ヘルプ！」「恋のアドバイス」「インチューイション」などが、そんな感性に満ちている。

こうした天秤座の感性が十二分に発揮され、日本で大ヒットした例が、ＫＡＮの「愛は勝つ」である。「し～んぱ～いないからね……」という歌い出しは、「何を根拠に心配がないんだ？」などと斜にかまえる人もいるが、現代のような不確実性の時代において一番大切なのは、こうした向日性の、曲がったところのない、「愛」という至高の理念を掲げたポリシーなのではなかろうか。

天秤座の日本のアーティストとしてはほかに、ＫＡＴＳＵＭＩ、氷室京介、谷村有美、中村正人（DREAMS COME TRUE)、木根尚登、衛藤利恵、ＪＩＲＯ（ＧＬＡＹ）、浜崎あゆみ、櫛引彩香、辻仁成などがいる。

6　水瓶座　モーツァルトとキャロル・キング、そして竹内まりや
——天才のホール、等身大の音楽

1/21〜2/18生まれ

分類　男性＝外発的音色
変移＝安定したリズム
風　＝明確なメッセージ性と精神的余裕

一般的性格：知的で精神の自由を尊重する。人間関係を縦関係でなく横関係で捉える。クールでのんき、人と違っているのが好き。発想の飛躍がある。金銭・物質でなく知識を蓄える傾向。

【天才のホール、水瓶座】

水瓶座に天才は多い。大物の天才だけでなく、もう少し小振りのちょっとした天才の方々も含めると、天才と呼ばれうる人の七〇パーセントが、このサインに属していると言われているくらいだ。エジソン、コペルニクス、ダーウィン、ディッケンズ、ジョイス、V・ウルフ、スタンダール、ロマン・ロラン、チェーホフ、マネなどなど、枚挙にいとまがないのだが、音楽においても同じである。モーツァルト、シューベルト、メンデルスゾーンの三人を挙げれば、もうお分かりだろう。そう、みな早熟の神童のイメージなのである。ただし、ここで気をつけて欲しいのは、水瓶座に限らずクラシック音楽で世に名を残した天才たちのほとんどが、実際に幼少のとき神童だったという事実である。不運を乗り越え第九交響曲を書いたベートーヴェンでさえ、当時は早熟で並ぶ者のない天才児だった。また、恵まれない境遇のために才能を発揮できなかった例を除くと、水星の支配する双子座・乙女座の影響を強く受けた者だけが、恵まれた環境にあっても、のうのうと別の活動をしたりしている。

それが双子座のところで述べたワーグナーであり、乙女座のブルックナー、そしてこつこつ型の、やはり乙女座と双子座の影響を強く受けたドヴォルザークなのである。では、なぜここで神童の話かと言えば、水瓶座のこの三人と同じぐらい早く才能を発揮し、彼らより早く没した天才が多くいるにもかかわらず、彼らには神童のイメージが強くある。それが、まさに水瓶座の音楽の性質によっているからである。少年的キャラクター――これに尽きるのである（そして三人とも異常なまでに筆が速い）。ボーイッシュな魅力、これは後に記す小泉今日子を代表とする女性タレントの個性でもよく分かる。

【等身大の音楽――モーツァルト】

ヴォルフガング・アマデウス・モーツァルトは、一七五六年一月二十七日、ザルツブルクで生まれた。月は射手座。水瓶座に加えて、強烈な射手座の影響を受けていることになる。三歳にして異常な才能を示し始めたわが子に注目した父レオポルドは、この上ない英才教育を彼にほどこし、各地へ演奏旅行に出ることになる（このことがヴォルフガングの虚弱な体を弱めるのに拍車をかけたという説があるが、どうかと思う。九歳でチフス、十一歳で天然痘にかかり、しかも旅先で回復するほか、彼の病歴はその作品並みにヴァラエティに富んでいるが、医療技術のお粗末だった当時、こんな大病を克服した人間のどこが病弱なのか、私にはさっぱり分からない。ほかにも、たとえば彼はダンスが大好きだったが、当時のダンスは、最近のディスコのような生ぬるいものではない。二十四時間以上ぶっ続けに踊るなどというのが当たり前である。そんな風に自分がダンスを楽しんだという、彼自身の手紙も残っている。その点では、強壮な人間だったとしか思えないのだ）。

それでも私たちは、彼の音楽を聴く時、あの独特の「ほほえましさ」に心をなびかさずにはいられない。あの晴朗さ、天使のような純粋さと暖かさは、彼のさまざまな才能のうちの一つの核を形造っている。それは、深い

ヴォルフガング・アマデウス・モーツァルト　Wolfgang Amadeus Mozart
(1756.1.27 ザルツブルク～1791.12.5 ウィーン)
オーストリアの作曲家。音楽史上最高の天才と呼ばれ、ハイドンとともに古典派を発展・完成させた。3歳で才能を発揮、5歳で最初の作曲をし、神童としてヨーロッパ各地を演奏旅行した後、故郷ザルツブルク司教と衝突。ウィーンで当時異例の独立音楽家となる。世間の無理解の中、35歳で他界。歌劇『フィガロの結婚』ほか、あらゆる分野で傑作を残す。

モーツァルト

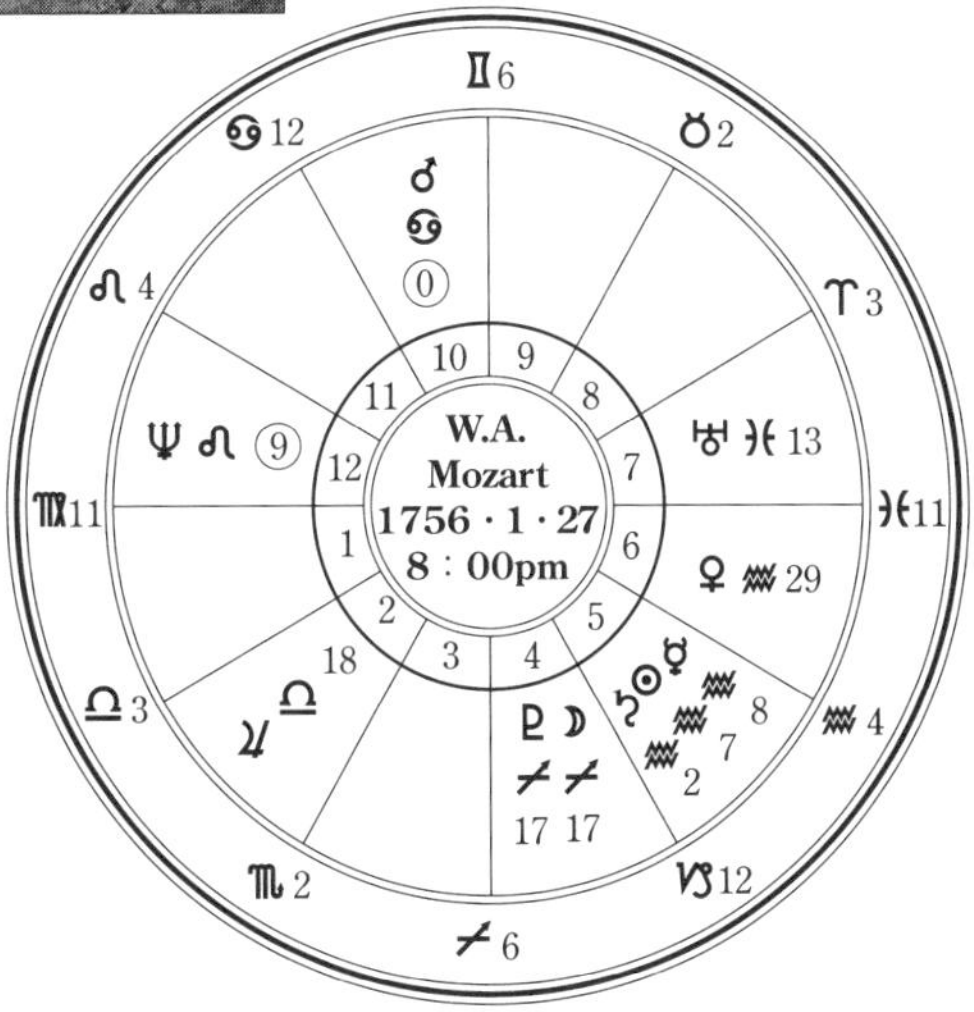

表現力を持ちながらも、私たちを威圧するのでも、また自らを卑下するのでもなく、ひたすら等身大で存在している音楽である。そんな風に考えれば、確かにこの点においては、シューベルトもフェリックス・メンデルスゾーンも同じ感性を持っているではないか。まるで天使のような少年が、ちょこなんと腰を掛けて歌を唄っている、そんな印象を与えるのは、彼ら特有の淡白さ、そして定着サイン特有の、あまり弾まない、ちょこなんとしたリズム感のためである（この三人の持ち味の違いは、彼らの月のサインに現われている。モーツァルト＝射手座＝スッキリとした明朗さ、構成力。シューベルト＝魚座＝メロディーが豊かで憂鬱な側面があり、構成力はない。メンデルスゾーン＝乙女座＝文学性と多少感傷的な傾向）。たとえばモーツァルトなら、歌劇『魔笛』の三人の少年たちの個性は、まさに水瓶座のものだ。水瓶座のあの瓶を傾ける少年のイメージは、まさにここにある。性愛というよりは友愛、特にこの歌劇最後の、少年たちがパパゲーノを助ける時のメロディーは、白眉だ。私たちの周囲では「いいこと思いついた！」と微笑む子リスのような水瓶座の女の子の、ボーイッシュで屈託のない性質そのままなのである。

モーツァルトのほかに、歌曲王フランツ・ペーター・シューベルトについて、少しでも触れずに先に進むことは、私にはできない。まず、あの『冬の旅』のやりきれないほど等身大の音楽。そして最高傑作の一つ、交響曲第八番『未完成』。たとえば、二楽章の第二主題、クラリネットが孤独に描いてゆく、抽象的でありながら限りなく肉感的で自然な音楽。この抽象性も、風のサインならではの特徴である（これが、交響曲でなく協奏曲の資質だ）。彼らには、とにかく抽象的思考力があるのだ。私たちは、これとまったく同種の水瓶座の性質のものを、ポピュラー音楽から聴くこともできる。それは、たとえば五輪真弓の「ラブレター」というバラード・ナンバーだ。このような抽象的なメロディーは、時折、奇跡のように水瓶座の作曲家の胸に舞い降りることがある。

【天才少女――キャロル・キング】

キャロル・キングは、一九四二年二月九日、ニューヨークはブルックリンの生まれ。あの有名な「ロコモーションン」「ウィル・ユー・ラヴ・ミー・トゥモロウ」ほか、作曲家として、そして自らシンガー＝ソングライターとして、膨大な数の作品を生み出している。特に、アルバム『つづれおり』は一世一代の傑作の評判が高いが、アコースティックで女性らしい細やかな仕上がりは、やはり水瓶座の「等身大の音楽」と称するにふさわしいものだ。彼女はアルバム発表直前のインタビューで「自分をさらけ出すのが恐ろしい」と告白しているが、このような作曲家の繊細な感性は多くの人々に受け入れられ、全米ナンバー・ワンを一五週連続保ち、一九七六～七七年の三二週にわたってチャート・インするというスーパー・ヒットとなった。このアルバムの中の「あなたの友達（ユーヴ・ガット・ア・フレンド）」は、水瓶座らしい友愛的な感情の表現の、ポップ・ミュージックにおける先駆けとなった。ちなみに、彼女の月もやはりモーツァルトと同じ射手座である。

ほかに、フィル・コリンズ、E・ヴァン・ヘイレンらがいる。

また、ジャズ・アーティストには、次のような人たちがいる。スタン・ゲッツ、サリナ・ジョーンズ、J・J・ジョンソン。

【友愛のメッセージ――竹内まりや】

ここで、風の三サインの愛のメッセージの傾向をもう一度おさらいすると、天秤座は大上段に構えた人類愛、水瓶座は等身大の友愛、双子座はいろいろな愛のまぜこぜ、ということになる。竹内まりやは、実際には魚座なのだが、その音楽には彼女の月のサインである水瓶座の影響が、非常に強くうかがわれる。たとえば「元気を出して」。この曲は、まさに先の「あなたの友達」と同じ主題である。私の経験では、「昔の彼にもう一度会いた

キャロル・キング　Carole King

キャロル・キングは、まず1960年代、ジェリー・ゴフィンと組んで作曲家としてデビューし、「ナチュラル・ウーマン」や「ロコモーション」の提供で大ヒットを飛ばした。その後70年代になると、ソロ・シンガー&ソング・ライターとして成功した。アルバム『つづれおり』は、6年間にわたってチャート・インするという大ヒットとなった。

CD写真『つづれおり』
Tapestry

キャロル・キング

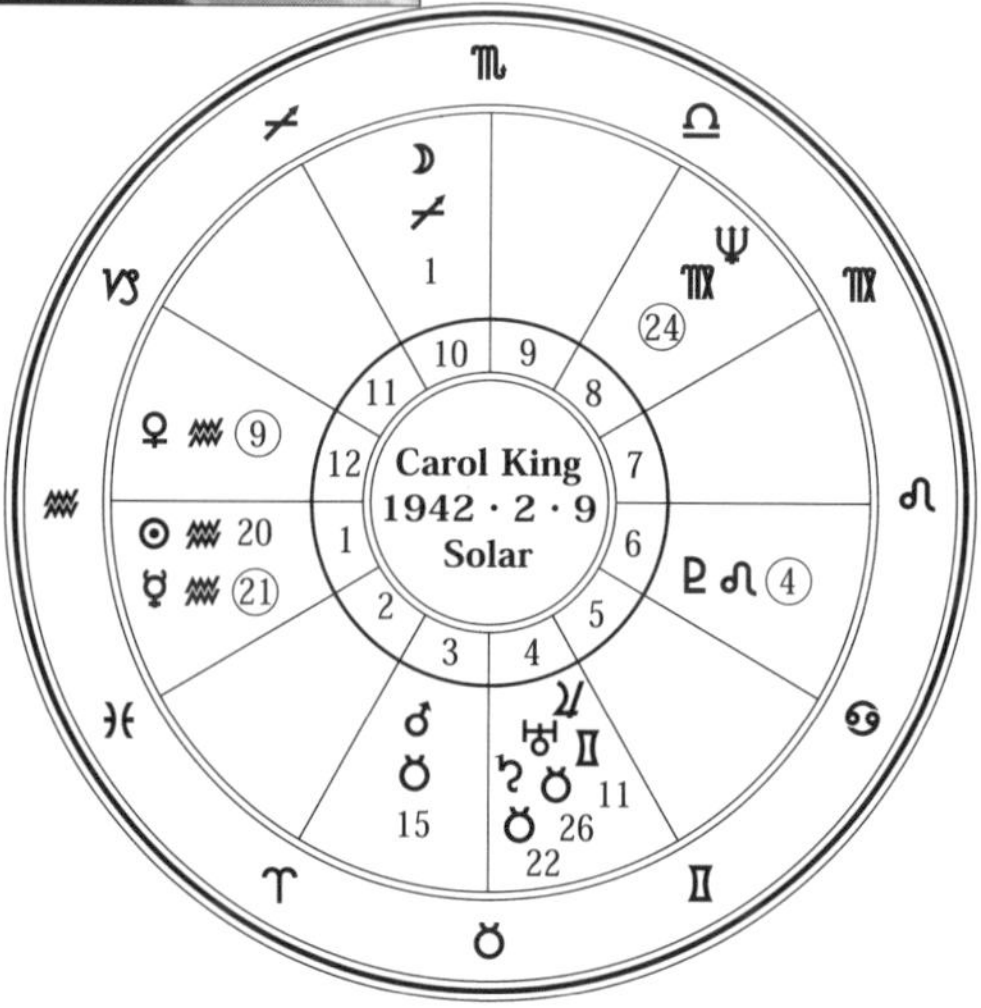

い」という相談は、水瓶座の女の子からが一番多い。占い本の水瓶座の章をひもとけば、「サッパリしていて頭脳的」というようなことが書かれているので、「なんだか違うじゃないの」と思うかもしれない。いや逆なのだ。彼らは性愛的な関係としての恋愛から離れたとしても、そのころの思い出を「友情」という形で頭の片隅に取っておく、そういうサインなのである。よくよく考えてみれば分かることだが、恋愛がまさに独占欲と性愛であるようなサイン（たとえば蟹座のような）だったら、後になってまた会いたいなどと思うはずがないのだ。水瓶座は性意識の薄いサインだと言ってもよいだろう（もちろん、性欲が弱いなどと言っているわけではない）。ほかにも「夢をあきらめないで」の岡村孝子、そして奥井香などがこのグループだ。いずれも、人間関係において「友情」という一線から眼をそらすことのない作風である。また作曲家ではないが、小泉今日子も同じグループだ。「あなたに逢えてよかった」の詞は、彼女自身の手によるものだ。

男性では、元かぐや姫の南こうせつも水瓶座だ。彼らの最後の作品『かぐや姫フォーエヴァー』の最後の曲「好きだった人」は、当時の四畳半的フォークの延長線上にある作品だが、時代の壁を越えて聴ける不思議な抽象性を持っている。これも風のサインの個性である。好きだった人のことを次々と思い出すその歌詞は、九〇年代の女の子たちが思い出す恋の思い出と、ファッションとライフ・スタイルの変化こそあれ、少しも変わらないということばかりが胸に迫ってくる傑作である。

作曲家のいずみたくも水瓶座だが、ちょっと面白いエピソードを記しておこう。日本のアニメーション初期の傑作に、『宇宙少年ソラン』と『宇宙エース』（いずれも白黒作品）というのがあったのを覚えている人も多いことと思う。両方とも彼の作曲なのだが、特にソランの小柄で快活なキャラクターと一致した曲調は、『鉄腕アトム』と共に少年ヒーローの一つのプロトタイプを創った。「さあゆくぞ、チャッピー、みんなが待っている」という少年合唱団の歌声は、今聴いても水瓶座そのものである（また、マスコット的存在の宇宙リス、チャッピーというのが水瓶座的だ）。モーツァルトしかり、ソランしかり、「山椒《さんしょ》は小粒でピリリと辛い」というのが、水瓶座的キャラクターなのだ。

作曲家・アーティストはほかに、後藤次利、横山輝一、山下達郎、布袋寅泰、福山雅治、寺岡呼人、ＨＩＳＡＳＨＩ（ＧＬＡＹ）、栗林誠一郎らがいる（女性は次項で列記）。

【天然ボケ系？――水瓶座娘】

小泉今日子は、実に分かりやすい水瓶座の特徴を備えている。ボーイッシュでスッキリした個性。それでいて、何か突拍子もないことを平気でしでかしそうな、風変わりなところがある雰囲気。このような水瓶座娘を称して、私の占星学研究仲間のあいだでは「ブットビ淡白」というニックネームをつけていた。このキャラクターは後におだやかにポピュラー化し、「天然ボケ」という呼び方になる。この型破りでありながら要領のよさそうな個性が、独創性につながるのだろうか。過去から現在まで、思いつくままに羅列しておこう。

小泉今日子、石原真理子、酒井法子、三田寛子、石野真子、ミミ萩原、堀ちえみ、マリアン、宝生舞、加藤紀子、雛形あきこ、山口紗弥加、河合美佳など。

女性アーティストとしては、山下久美子、矢野顕子、相川七瀬、坂井泉水（ＺＡＲＤ）、松田樹利亜、hitomi、ＹＵＫＩ（JUDY AND MARY）、知念里奈、ヨーコ・オノなどなど……。

地のサイン……交響曲ほか、積み重ね的音楽

7　牡牛座　チャイコフスキー、ビリー・ジョエル、そして槇原敬之
――夢見るマゾヒスト、抜群の色彩感

4/21～5/21生まれ

分類　女性＝内省的音色
定着＝安定したリズム
地　＝質量感と構成力

一般的性格：おだやかで攻撃を嫌い、慎重かつ忍耐強い。重厚さ・信頼感を重んじる。責任感が強く頑固である。現実的・実際的な経験主義者だが、内面美意識が強くロマンティスト。守備は強いが、攻撃は苦手。

【「あまりに絵画的な……」――チャイコフスキー】

牡牛座は天秤座・射手座・魚座と共に美意識が非常に強くなる位置で、ロマンティックという意味では、十二サイン中一番かもしれない。しかし、保守派なので芸術家になる人は比較的少ない。音楽においては、色彩感という点では（多少暗いが）抜群である。

ピョートル・イリイチ・チャイコフスキーは、一八四〇年五月七日（旧暦四月二十五日）、ロシアのウォトキンスクに生まれた。幼少時からおとなしく神経質な性格だったが、十歳で法律学校の寄宿舎に入れられ、十四歳

で母と死別するなど、厳しい少年時代を送った。その後法務省に入るのだが、勤勉実直かつ几帳面で誠実な人柄が、逆に汚職や買収にまみれた当時のロシアの役人生活に適応できず、苦悩の日々を送ることになる。しかし、二十二歳の時、当時の大ピアニスト、アントン・ルビンシテインの刺激を受け、音楽教室に通い始めると、ピョートルの才能はみるみる開花した。彼の場合、音楽家の社会的ステータスの低かった当時のロシアの状況から考えれば、ドイツやオーストリアの作曲家に比べ環境に恵まれていなかったとも言えるが、やはりほかの牡牛座の芸術家同様、大器晩成の傾向があったと言うべきだろう。いや、幼い時から才能はあったのだが、自己の作品に対して厳しく用心深い性格が、彼らの芸術生活を、一般に要領がよく多作である水瓶座や魚座とは、異なったあり方にしているのだろう。

「……自分に対して謙虚であること。……とんでもない天才になるよりは、ごく当たり前のいい人になるよう心がけるべきだ」

これは、チャイコフスキーが二十六歳の時、弟に宛てた手紙の一節である。弟への訓戒の形をとりながらも、彼が自分自身に言い聞かせている、そんな文面である。

「ごく当たり前のいい人」をめざす天才。こんな存在がありうるのだろうか。しかし、こんな姿勢も牡牛座の作曲家ならではの発想であり、平凡を嫌い個性ばかりを声高に叫ぶ現代人は、襟を正して耳を傾けるべき言葉であろう。

牡牛座の特性の一つとして、その感情を安易に発散させずに内面に「ためこむ」という気質が挙げられる。一見ネクラ・クヨクヨ型のように見えるが、本人は至ってロマンティックな感情から黙っているだけなので、クラいというのは当たらない。「誰だって感動した時には、思わず言葉を失うではないか」これが牡牛座の主張である。現実の牡牛座の女の子も、デートに誘っても、あまり反応がはっきりしなかったりすることが多い。彼女たちは、感動を「かみしめる」タイプであり、軽率な反応を嫌うのだ。牡牛座は、富と美のサインであるが、この「ためこむ」性質がメロディーを書く時に、一つの明らかな感性の形として現われてくる。それが、彼らの持つ絵画的色彩感なのだ。

作曲家の内面で一つのメロディーが生まれる時、彼の表面上の意識には関係なく起きている一つの化学作用のような段階を、そのメロディーが通り抜けて生まれてくるのだとすれば、これこそがまさに占星学で分析できるものである（そして、こうしたプロセスの違いこそが、本来「個性」と呼ばれるものであるはずだ）。感情を発散させずに一度内面にためこむ牡牛座の体質は、意識の表層の感情を短絡的にメロディーの一要素として利用するのではなく、このメロディーを意識・無意識の奥底で練りに練って、まさにそれが色彩感と呼べるものに変容するまで時間をかけて生み出すのである。牡牛座の作曲家たちは、求道的であると同時に直情径行型でもある射手座のベートーヴェンや、感情自体を練り込んでゆくかのような蠍座のヨハン・シュトラウスなどとはまた違った構造の、絵画的な、あまりに色彩的な音楽を創り出すことになったのである。分かりやすい例として、バレエ組曲『白鳥の湖』を挙げておこう（実際には、この作品でなくても彼の作品ならほとんどどれでもいいのだが）。最初の「情景」の部分のあの有名な旋律は確かにセンチメンタルだが、我々はそれでもここに、単なる激情とはまったく違う次元で厳然と存在している、旋律自体の持つ色彩感に感動するのである（実際、牡牛座のこのような性質が、彼の作品を現代でも鑑賞に堪えるものにしているのだ）。結局のところ、チャイコフスキーの作品がいかに叙情的な魅力に満ちていたとしても、彼の作品を楽しむとき、作品への安易な感情移入は禁物である。いや、それがチャイコフスキーの作品であるからこそ、なおさらのことなのである。

【射手座をめざす牡牛座――ブラームス】

同じ牡牛座でも、射手座の影響を強く受けたブラームスとなると、大分事情が変わってくる。射手座と言えば、彼が深く尊敬していたベートーヴェンは、純粋に射手座の特質で形成された個性の持ち主だった（太陽・月共に射手座）。したがって、この射手座の月を持つブラームスの作品も、チャイコフスキーよりもずっと外発的で意志的な強さとしての精神を尊重する傾向が強くなる（もちろん、これは彼の内面世界におけることである。日常生活における、彼の華美を嫌う性格は、よく知られている事実である）。彼の四つの交響曲のうちの最初のもの第一番ハ短調は、ベートーヴェンの第九番交響曲に続く作品という意味で「第十交響曲」と呼ばれることがある。ベートーヴェンが古典派作曲家であったのに対し、ブラームスは既にロマン派の時代にいた。これは、ちょうど彼の牡牛座的なロマンティックな気質に合致している。そして、射手座と牡牛座は、本来、決して調和的な組み合わせではない。ブラームスの［牡牛座―射手座］のコンビネーションは、図らずもロマン派の夢と苦しみを彼に具現させることになる。晩年、彼はクラリネット五重奏曲ロ短調で分かるような、切ない諦めとマゾヒスティックな悲しみに向かってゆく。こうした夢見がちで謙虚な牡牛座的気質は、彼のもう一方の気質である射手座の常に若々しい意志的な個性と激しい摩擦を起こし、ギシギシときしみ音を立てる。それがあまりに鮮烈に感じられるのが、第一交響曲なのだ。だから「第十交響曲」という呼称は、ベートーヴェンの交響曲に比肩するという意味のほかに、さらに複雑なニュアンスを持っている。彼の射手座的気質は、あくまで意志による精神の昇華とシンプリシティをめざして突っ走るのだが、本質的にメロディー・メーカーである牡牛座の天分は、あまりに豊かで、そして重かった。ほかの交響曲や作品群においても、まったく同様である。十分に多感でありながら、感じたものを一度あまりに用心深く内向させ、じっと熟成を待つという彼の気質は、実は彼の心の師ベートーヴェンの気質とはあまりに異なっていたのだ。

ヨハネス・ブラームス　Johannes Brahms

(1833.5.7 ハンブルグ～1897.4.3 ウィーン)

ドイツの作曲家。古典主義者であると同時に19世紀のロマン主義的情緒を持つ。第1交響曲は、ベートーヴェンの第9番に続くという意味で「第10交響曲」と呼ばれた。厳しい創作態度を貫き、北ドイツの厳格で気品あるプロテスタント的精神性とドイツ民謡的な素朴な旋律美が特徴。4大交響曲、ヴァイオリン協奏曲、クラリネット五重奏曲などが傑作。

ブラームス

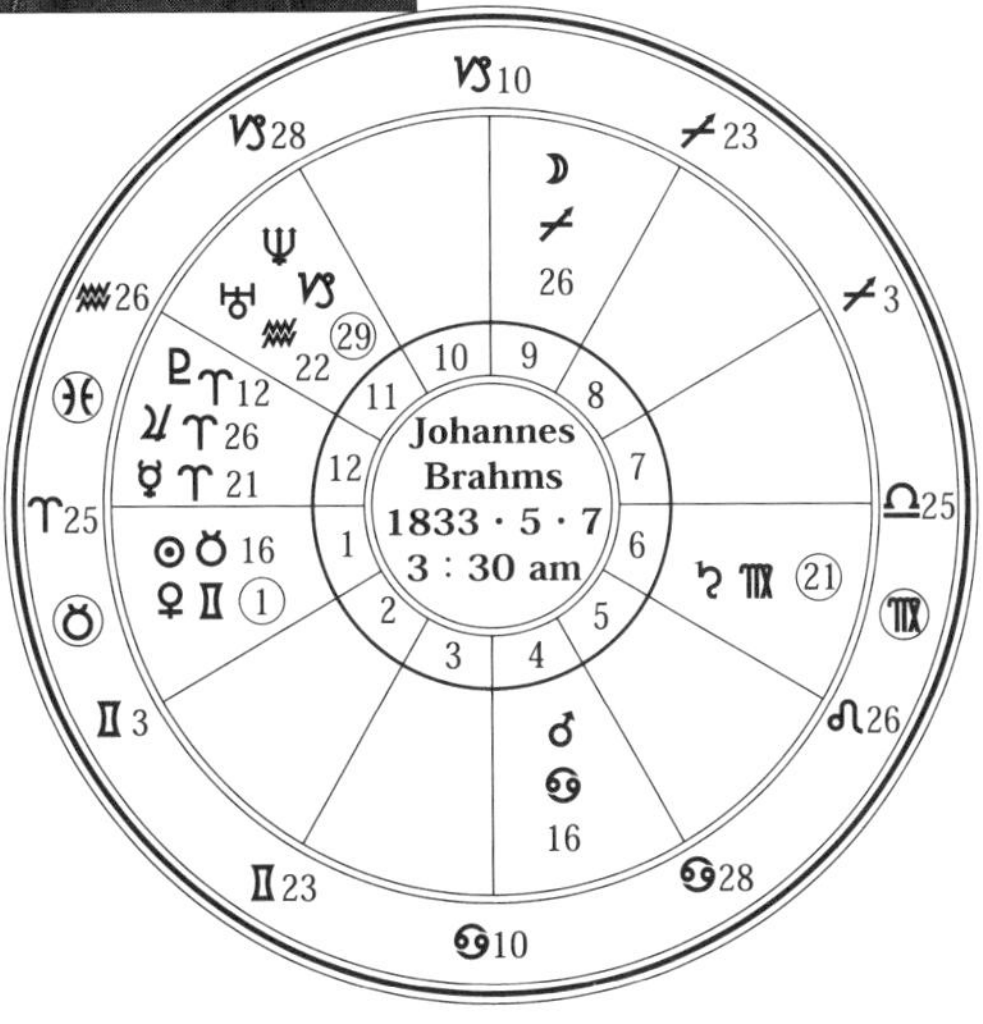

先にチャイコフスキーのところで、牡牛座には大器晩成の側面があることについて触れたが、ブラームスにおいてはさらに顕著である。彼がその第一交響曲を完成させたのは一八七六年であり、彼は四十三歳だった。その齢までにベートーヴェンは八つの交響曲を完成させていたし、モーツァルト、シューベルト、メンデルスゾーン、ショパン、ウェーバー、ビゼーといった天才たちは、言うまでもなく天に召されている。前記の天才たちが水瓶座、魚座、蠍座であるのは、何かの偶然だろうか。むろん、この三サインに短命の可能性が高いなどという愚論を呈したいのではない。どの時代にも、どのサインの人間にも、短命という不運は舞い降りたであろう。むしろ逆に、これらのサインはそれでも後世に名を残せるくらい、早くからその創作が実りの時期を迎えることが多いとは言えるかもしれない。

セルゲイ・プロコフィエフ（新暦一八九一年四月二十三日、エカテリノ郡ソンツォフカ村生まれ）は、前記の二人とはかなりカラーが違うと思われるかもしれない。それは、彼の月が牡牛座以上に美意識の強い天秤座にあったからである。ほかに月が天秤座にある作曲家を並べてみれば、それがよく分かる。ヤナーチェク、シェーンベルクらである。いずれも非常に明確な自分の美的ポリシーを持ち、メロディーには無駄というものがまったくない。本来の牡牛座など、ほかのサインになら見られるような、淡々とひたすら続いてゆく心象風景や奥行きはあるが、あいまいな感情表現など微塵も感じられない。この天秤座の月の鋭角的な美意識が、多少奇怪な、しかし情報量が圧倒的に多い音楽を生み出しているのである。その代表はヴァイオリン協奏曲第一番であろう。この作品で、ヴァイオリンはすすり泣き、笑い、叫び、悪ふざけをしながら曲を進めてゆく。一定のメロディーを前提に、ソロ楽器とオーケストラが共にそれに添って音楽を作ってゆくなどというものではない。ヴァイオリンの一音一音が、あまりに「これ以外にはあり得ない」という風に発せられるので、ヴァイオリンの音以外の空間が妖しく浮かび上がる。そこに、オーケストラが絶好のパートナーとして色づけを行っているといった感じだ。また、有名な『ピーターと狼』は子供向けに書かれた作品ということだが、それぞれの登場人物を示す主題の変幻自在さは、牡牛座的な形態模写風・バレエ音楽風の才能と天秤座的な象徴的才能の融合を示している。録音は古いが、カラヤンとフィルハーモニア管弦楽団の演奏でよく分かる。

牡牛座の作曲家で人気の高い人に、エリック・サティがいる。彼の音楽は、作曲家自らが「家具の音楽」と呼んだように、感情をそのまま露呈するのではなく、音が空間に広がるときに放つ独特の色彩感を再現している。チャイコフスキーのようにセンチメンタリズムを前面化していないという意味では、牡牛座の持つ色彩感覚の、さらに分かりやすい例である。

また、サティと同じフランスの作曲家、ガブリエル・フォーレの作品も、このサインの分かりやすい特徴を備えている。ただ、この人の月は蟹座にある。したがって、時々戦車のようにたたみかけてくる音型を聞かせる。ピアノ五重奏曲第二番などが、その典型である。

【ビリー・ジョエル――都会派牡牛座】

あまりにも色彩的で豊かな旋律の才能を持たされた牡牛座の作曲家たちは、その旋律の豊かさ故の問題を抱えることになったのだが、形式上小曲が多いポピュラー音楽の場合は、それほど問題にはならないのではないかと思われる。

ビリー・ジョエルも牡牛座の生まれである。本名ウィリアム・ジョセフ・マーティン・ジョエルは、一九四九年五月九日、ニューヨークのブロンクスに生まれた。三歳の時からクラシック・ピアノを始め、プレスリーやビートルズの影響を受け、十九歳でデビューした。その後の五年間は、作品の不評、失恋のショックによる入院や契約上のトラブルなど、失意の日々が続いた。その間、ロック評論やバーのピアノの弾き語りなどで生計を立てていたが、ついに念願のＣＢＳと契約を交わし、一九七三年、アルバム『ピアノ・マン』を発表。「土曜の夜九時、いつもの奴らが集まってくるころだ……歌ってくれピアノ・マン……」このタイトル曲は、ビルボード誌で二五位、売り上げは五〇万枚を越え、ゴールド・ディスクを獲得した。続くアルバム『ストリートライフ・セレナーデ』『ニューヨーク物語』を経て、『ストレンジャー』の大ヒットによりグラミー賞の最優秀歌曲賞と最優秀レコード賞を獲得、その後のすさまじい人気と実力は、誰もが知るところである。

アーティストたちの歌詞を占星学的に分類すると、火のサインが行動を、風のサインがポリシーを、水のサインが感情を表わすのに対し、地のサインは具体的な身の回りの現状を表わしていることが多い。ビリー・ジョエルといえば、前述のアルバム・タイトルからも分かるように、ニューヨークの人と情景を、愛を込めて歌い上げた作品が印象的だが、これは彼の下積み時代の経験が生かされていることは言うまでもない。出世作『ピアノ・マン』の内容自体、彼自身のピアノ・バーでの修行時代の話である（もっとも、彼はこのころ西海岸にいたのではあるが）。生活の実感、町の人々、日々の雑事、こうした素材を、哀感を込めて、しかし決してセンチメンタルにはならずに歌い上げている。牡牛座の感性は常に現実を見つめ、具象的で色鮮やかな情景を展開する。現状を無視するようなアウトスポークンな性格とは本質的に異なるし、こうした意味では決して過激にならない個性である。「ピアノ・マン」「ストレンジャー」「マイ・ライフ」「ビッグ・ショット」「ガラスのニューヨーク」など、数え切れないほど多くのヒット曲も、みなあまりに具象的な色彩感を備えている（ちなみに、こうした「都会派牡牛座」アーティストとしては、ほかにクリストファー・クロス、バート・バカラックなどがいる）。メロディーラインとしては、「オネスティ」が、特に牡牛座らしい哀感をそなえた典型的な作品だ。クラシック作曲家のチャイコフスキー、ブラームス、サティらと比較してみると分かりやすいだろう。

ビリー・ジョエル　Billy Joel

デビューは1971年だが、ゴールド・ディスクになった1973年の「ピアノ・マン」から、彼のサクセスは始まる。「ストレンジャー」「オネスティ」「ガラスのニューヨーク」など数々のビッグ・ヒットをとばし、3回のグラミー賞など多くの賞を受賞。1999年、ベスト・アルバムのセールスは1億枚を超え、「ロックンロールの殿堂」入りを果たした。

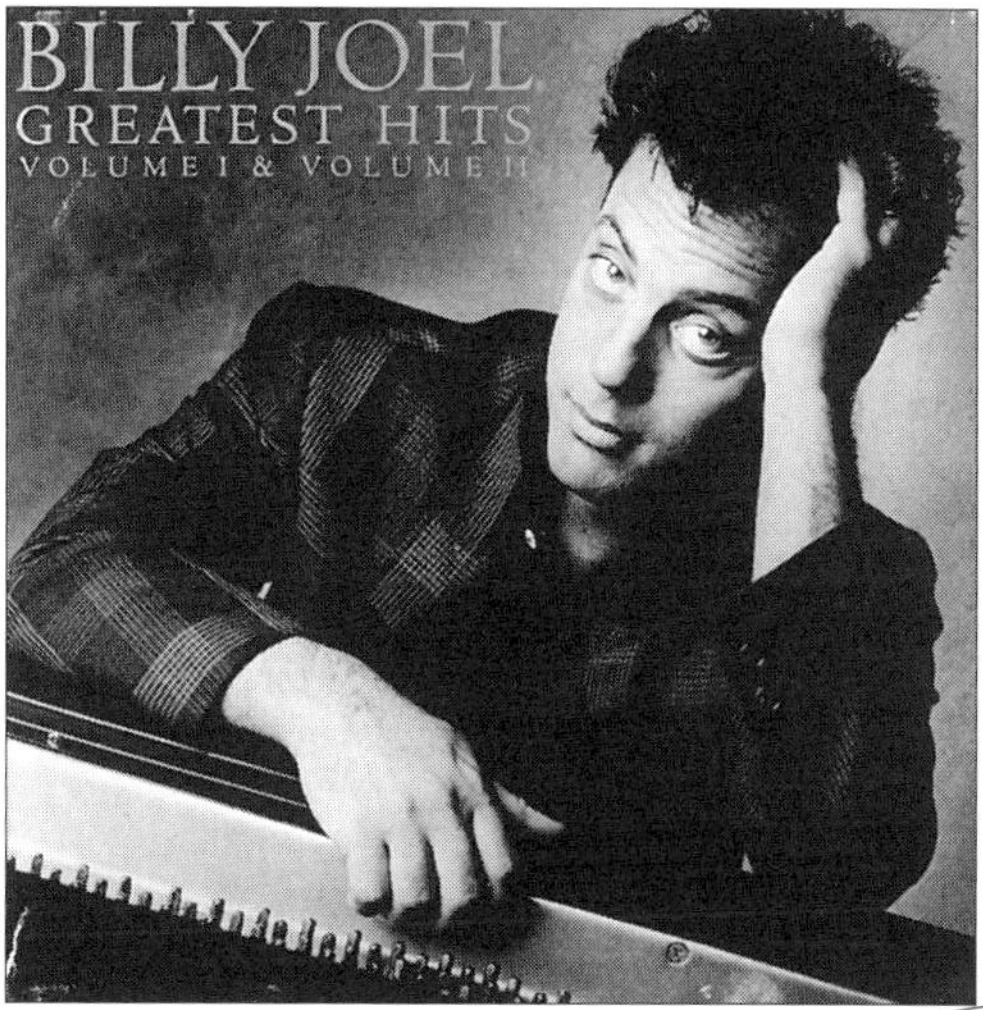

CD写真『ビリー・ザ・ベスト』
Billy Joel Greatest Hits

ビリー・ジョエル

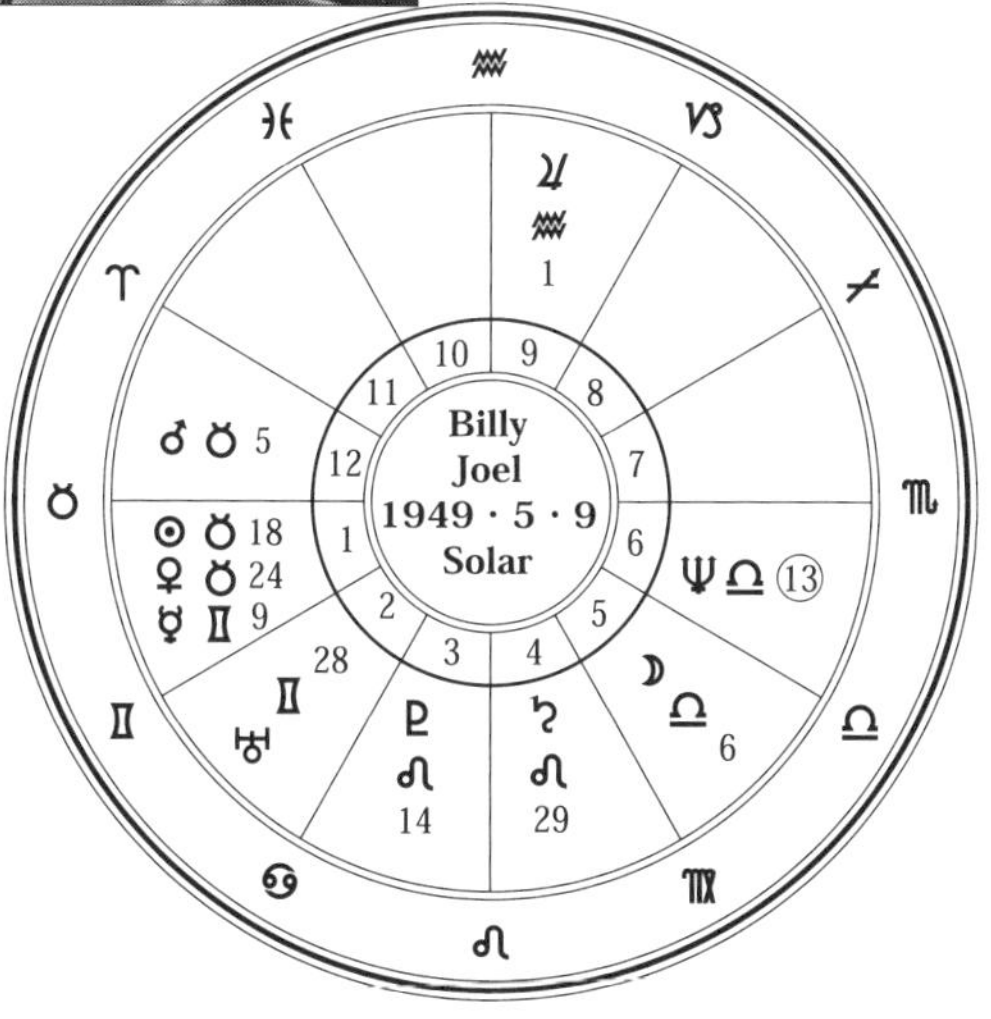

【ジャニス・イアン――バラッドのサイン】

「十七歳の時」「ウィル・ユー・ダンス」「愛は盲目」などのヒット曲で知られるジャニス・イアンもまた、非常にはっきりとした形で牡牛座的な才能が現われた例である。何物にも替え難いと感じさせるほど、叙情的で美しいメロディーを書いた。まるで「少女漫画のような」と言うと誤解を招きそうだが、これは美というものが元来もっている性質の一側面である。晦渋な意識性というよりも、すべてを包み込む豊かなメロディー。これが牡牛座の特色なのである。

（以前、ジャニス・イアンのコンサートを聴きにいった時、彼女が曲を始めようとするたびに、聴衆は熱狂するどころか静まり返り、音楽に聴き入り、ほとんど咳払いも響かなかった。クラシック・コンサートのマナーを引き合いに出すまでもないが、これが音楽を聴いている聴衆というものではなかろうか。レーザー光線や花火の音を振りまく「ショー」で観客を興奮させるシンガーと、このようなコンサートを行うことができるアーティストが、同列で論じられている現状自体が言語道断なものであるが、これもまたモーツァルトの時代からの、相も変わらぬ芸術の皮肉な現実なのだろうか。）

牡牛座の豊かなメロディーの才能は、ほかのサインの作曲家に部分的に影響を与えることも多い。代表例は、何といってもポール・マッカートニーだ。彼のホロスコープ中の金星は、牡牛座に位置している。「ザ・ロング・アンド・ワインディング・ロード」や「マイ・ラヴ」ほか、数え切れないほどの豊かなメロディーラインを持つヒット曲は、叙情的であっても無駄と饒舌を限りなくカットしてゆくシンプリシティのサイン、天秤座のジョン・レノンとは一線を画している。先ほど牡牛座は具象性の強い感性を持つと書いたが、清濁あわせ呑む牡牛座の美意識は、理想主義的純粋さというより、具体的で分かりやすいポップな志向が強くなることが多いのである。

ほかに牡牛座の海外アーティストには、スティーヴィー・ワンダー、ジェームズ・ブラウン、ジャネット・ジャクソンらがいる。

また、ジャズ・アーティストには、次のような人たちがいる。キース・ジャレット、チャールズ・ミンガス、デューク・エリントン。

【槇原敬之「もう恋なんてしない」とは？】

牡牛座のメロディー・メーカーとしての天分の基盤が、感情を表面に出さずに内にこもり内面での熟成を待つ気質によることはすでに書いたが、日本のアーティストでもこの傾向は同様である。特に男性のアーティストに、この傾向ははっきりと出る。たとえば、槇原敬之が好例である。天秤座のKANが楽観的で理想主義的な恋愛を語る個性を持つのに比べると、大分「独り言」的である。牡牛座は本来、大衆に強くアピールすることを第一とする個性ではない。むしろ、自分自身または心を分けあった恋人や親友にのみ語りかける音楽だ。私は、KANが音楽において常に理想主義者だと言っているのではない。ただ、彼のような天秤座のアーティストが新しいものを提示した時、音楽人口のマジョリティーから、ほかの人とは違うという意味で「個性的」だとして受け入れられた特質は、やはり天秤座特有の理想主義的個性だったと言っているだけである。そして、だからこそ、シングル「愛は勝つ」のカップリング曲は「それでもふられてしまう男」というタイトルだし、それでもおかしくはないのである。

ほかの牡牛座の日本のアーティストには、奥田民生、吉田美和、藤田恵美（Le Couple）、森川美穂、前田宣輝、飯島真理、関口誠人、堀込泰行（キリンジ）、EPO、久宝留理子、鈴木結女、山崎ハコ、泉谷しげる、児島未散、IZAMらがいる。全員とは言えないが、女性では声に独特の深みとムードのある人が多い。

8　乙女座　ブルックナーとフレディー・マーキュリー、そして井上陽水

——小心なロマンティシズムと逞しい怪奇趣味の交錯

8/24～9/23生まれ

分類　女性サイン＝内省的音色
変通＝振幅の激しい三拍子系のリズム
地　＝質量感と構成力

一般的性格：潔癖で几帳面、センチメンタルな夢を思い描く一方、現実的な実務処理能力も備え持つ。知識の蓄積を尊重する。移り気で傷つきやすいが、気分が変わりやすい。

【乙女座の個性】

乙女座と言えば、よく「その名のとおり清純さを尊ぶ……」と書いてあるが、美意識の支配する分野においては、それとはだいぶ違っている。

例外はあるが、大ざっぱに三つのタイプに分かれる。

A　1　疑心暗鬼で何かを恐れているような感性、怪奇趣味。
2　「人間らしさ」が入り込む隙のない無人の空間。
3　基本的には短調の色彩だが、すぐに長調に変わったりする移り気な性質。
ブルックナー、フレディー・マーキュリー（クイーン）

（AとBの中間的存在）マイケル・ジャクソン、石井竜也、T. M. Revolution

B　1　褐色の水着美人を思わせる、パワフルだが、メロディーは短調が似合う音色。

２　振幅の激しい弾むようなリズム。
ドヴォルザーク
ラッツ・アンド・スター（鈴木雅之ほか主要メンバー四人と作曲担当者）
欧陽菲菲、石井明美

Ｃ
１　しばしば歌詞が先行する文学（少女）的な、日常生活を語る感性。
２　本質的には決して明るくないロマンティシズム。
井上陽水、長渕剛、大江千里、谷山浩子、斉藤由貴

【奇怪なる幼児――アントン・ブルックナー】

音楽史上、交響曲において最も重要な存在と言えばベートーヴェンであり、その象徴的作品が合唱を伴う第九交響曲なのだが、それに勝るとも劣らない威容を誇るものと言えば、まず最初に文句なしにブルックナーの九つの交響曲（第〇番と名づけられたものも含めれば一〇曲）ではないだろうか。しかし、この作曲家の日常生活は、作品の威容からはとてもイメージできないものだった。ほかのほとんどの作曲家（たとえばベートーヴェンやワーグナー）の場合、彼らの日常生活における性格や行動は、その音楽と密接に結びついていた。しかし、ブルックナーという奇人の場合、とても一般的な常識では、この作曲家の日常と作品を結びつけるものはないかのように思われるのだ。だが、これには「少なくとも西洋占星学的感性の常識を知らないうちは」という限定句をつけるべきだ。彼が乙女座の作曲家であるという視点を導入すれば、彼もまたワーグナーなどの大作曲家に劣らない、個性の具現者であったということが分かってくる。

ヨーゼフ・アントン・ブルックナーは、一八二四年九月四日、上オーストリアのアンスフェルデンで産声をあ

げた。太陽が乙女座に位置していたことに加え、彼の月は、同じ地のサインの山羊座だった。彼は、乙女座プラス山羊座の感性を持って生まれてきたことになる。双子座のところで述べたように、ブルックナーは音楽において幼少期から神童だったわけではない。確かに、ヴァイオリンやオルガンに明らかな才能は見せてはいるが、当時の記録からどう推測しても、神童であったとは言い難い。水星支配のサイン（双子座・水瓶座）のもとに生まれた芸術家がしばしば神童的でない理由は、双子座のワーグナーの項で説明したとおりである。

ブルックナーの生涯における判断・行動には、常識では考えられないような「迷い」が見られる。小学校の教員助手だった彼は、二十五歳の時に聖フローリアン修道院のオルガニストになった。ところが、ほかの作曲家たちに比べればだいぶ遅れをとっているとはいえ、順調なスタートを切っていた彼は、一八五三年、何とリンツの上属機関に「事務局員」になる請願を出しているのだ。そしてその二年後、三十歳で結局教師になる決心をしている。この才能あふれる作曲家は、三十歳にもなってまだ自分の足元がふらついていた。堅実を求めつつも、芸術から離れ切れない小心な彼の性格は、乙女座のロマンティックだが迷いやすい性格そのもので、今この文を読まれている方々もきっと普段の生活の中でいつも目にし耳にしている「あの乙女座の性質」そのままなのである。しかし、運命がここで彼に手助けをする。彼の才能の支持者が、もじもじ自信なさそうにしているブルックナーに、リンツ大聖堂のオルガニストになるようにと、「勧める」というより「命令」したのだった。ブルックナーは、実にやすやすとこの試験をパスするのだが、本決まりになりそうになると、またぐずぐずし始める。周りの人間は、この知恵遅れの幼児のような男の尻を叩いて、この素晴らしい地位に就かせることになる。こうしてようやく彼の中に作曲家としての意識が芽生え始めるのだが、このとき彼は三十一歳、シューベルトならすでに彼のすべての名作を書き終え、没する齢である。

この優柔不断でお人好し、果てしなく小心者のブルックナーの真の奇人ぶりの例は、枚挙にいとまがない。何

アントン・ブルックナー　Anton Bruckner

（1824.9.4 アンスフェルデン～1896.10.11 ウィーン）

ブラームスと並ぶ19世紀最大の交響曲作家。ブラームスの古典的構成原理に対し、まったく独自の新しい個性を持つ。たとえば交響曲はすべて、弦楽器の最弱音のトレモロから徐々に最強音を迎える「ブルックナー開始」を持つ。カトリック的神秘主義が背景にあるとされるが、作品は分析的思惑を超越し、音楽独自の論理と価値観による孤立世界を創る。

ブルックナー

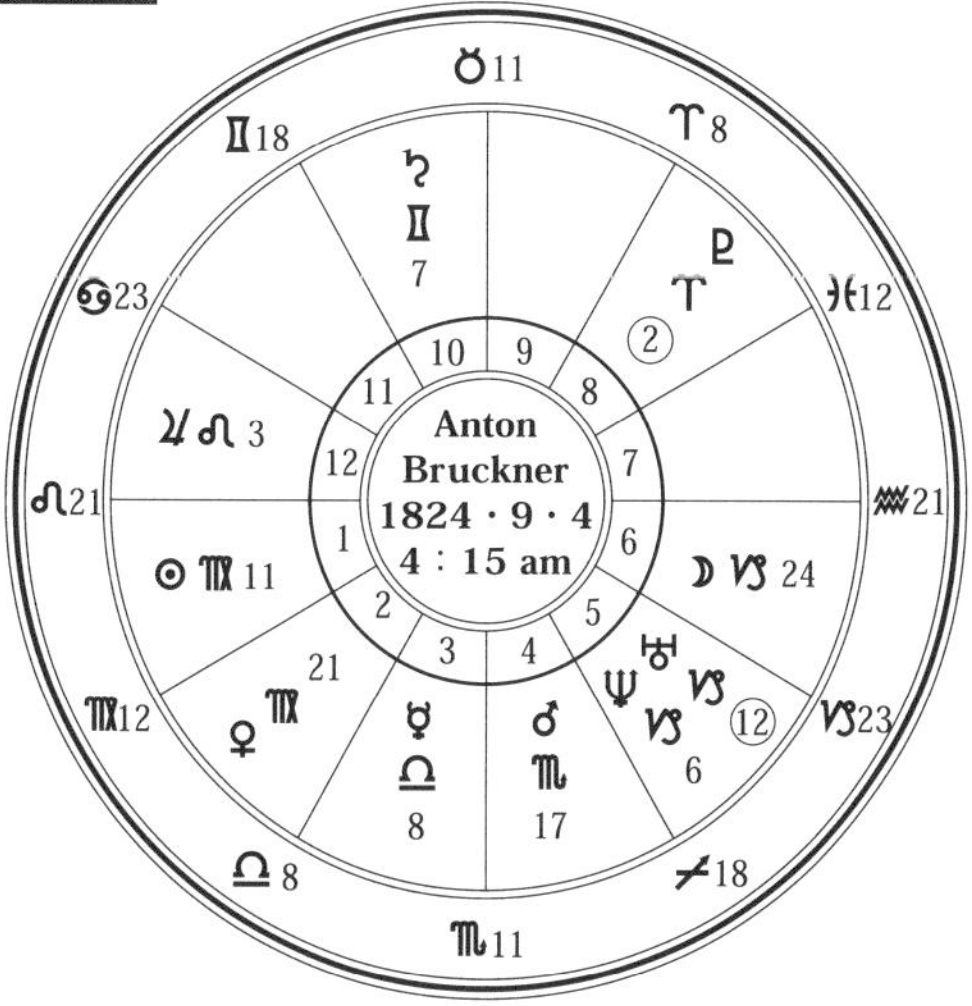

か人を恐れているようなオドオドした態度。口下手で、ナマリは丸出し。野暮ったい、まだボタンをはめることすらできない幼児のそれのような、農夫然とした服装。この無防備な人間は、のちにウィーンという音楽の都に出てから、さらにさまざまに誤解され、利用されることになる。彼は一生独身であった。不相応にも若い女性に大変ロマンティックな想いを持ち、いつもフラれていた（このことについても、ほかの乙女座の芸術家もまったく同じだ。ゲーテ、トルストイといった当時のその国における良識の代表のような作家たちでも、孫娘のような少女に熱を上げるという点では、ブルックナーと共通していた）。彼は、悪気のない気安さから、若い女生徒に「かわいこちゃん」と呼び掛けたばかりに、大変なスキャンダルに巻き込まれたりもしている。

しかし何と言っても、乙女座独特の怪奇趣味につながる彼の奇人ぶりを代表するのは、これらの幼児的で純粋無垢な性格と対比させた時の、次の二つの奇癖だ。一つは、頭蓋骨に対する執着。当時、ベートーヴェンやシューベルトの遺骨を掘り起こす作業が行われたのだが、その作業中、彼は側でソワソワ、ウロウロしていた。というのも、彼は頭蓋骨に触りたくてしょうがなかったのだ。ほかにも、皇帝の遺体を見たがったり、自分の先生の頭蓋骨を自分で保管したいと役所に頼んだりしている。そして、二つめの奇癖は数を数えることで、星や木の葉の数など、数えられるものは何でも数えないと気が済まず、しまいにはドナウ川の水を一人で汲み出さなければならないという妄想を持つに至る。一つめの例は、ストレートに乙女座の性質に基づいている。この独特の怪奇趣味は、乙女座ならではのものである。あとで解説するクイーンのフレディー・マーキュリー、そしてマイケル・ジャクソンなど、その趣味という次元で論じるなら、実に似通っている。そして、後者の数を数える癖は、一部の乙女座と山羊座の影響を帯びた人格の特色である。つまり、一種の潔癖症で、一般の人間では、整理整頓癖や、文章の推敲癖、そして我々現代人にしばしばある、無数のものに対する恐怖（岩にびっしりと貼りつく無数のフジツボや、東京の雑踏でおびただしい人の群れに対するゾッとするあの感覚）へとつながってゆくのである。

本章では、極端な個性の発露としての天才の人格を通して、そのサインの本質的特色を見ているので、乙女座の読者の方々には、その代表としてブルックナーのような奇人を挙げるのは、少し申し訳ないような気もするのだが、ブルックナーにおいて、この極端で不可思議な個性は、徐々に一つに溶け合って成熟し、まさに乙女座の芸術家以外には考えられなかった、前人未踏の交響曲群の世界に凝縮されてゆくのである。ブルックナーの音楽は、その荒野とも銀河とも大洋とも言い難い巨大な空間の中に、現代、未来、原始、どの時代と形容しても通用するような根源的な可能性を内包している。そこには、人間の論理や感情で測りうるものはない。人間的と言われるもののすべてを逸脱したスケールで、曲が書かれている。ブルックナーの交響曲はそれぞれ素晴らしいが、私が一つ選べと言われたら、未完の交響曲第九番ニ短調を選ぶ。シューベルトの傑作『未完成』交響曲が二楽章しかないのは、豊かだが気まぐれな彼の楽想の流れが、たまたま第二楽章でピークを迎えてしまい、俗世間で一般に認められる交響曲の四楽章形式を形成する前に完結し、前の二つの楽章を凌駕する音楽が生まれ得なかったからだ。しかし、ブルックナーの場合、最終楽章はあってもよかったのである。ただ、たまたま彼の寿命の都合がつかず生まれなかった。だからと言って、その不在が惜しまれるかというと、まったくそんなことはない。なければないでよいのである。この不思議な構造は、彼の作品が改訂を加えられても、それほど良い方向にも悪い方向にも行かないという性質にも現われている。それは、我々が宇宙というものを知りたいと願う時、どこからどこまで知ったから満足だとも言えないのと似ている。我々の周囲の感覚世界は、時にはそんな風にも成立しているのだが、ブルックナーの音世界は完全にその次元に達している。

ブルックナーの音楽の構造をあえて説明するなら、彼の音楽には彼独特の小心さ、疑心暗鬼的な恐怖心と好奇心の原理を聴き分けられると言えよう。今風に言えば「エログロ」とでも言えそうな感性が高度に昇華して、作品の「質」というよりも「動機」になっている。この小心、疑心暗鬼的な神経プラス、エログロ怪奇趣味が、乙女座の感性の中核にあるものの一つである。現代、未来、原始のどの時代にも通用する、この異常な音楽を書き得たのは、まさに乙女座のブルックナーのみだった。そして、さらに面白いのは、彼自身の自作解説の言葉は、一般の常識的な意味での言葉の解釈に従う限り、あまりにも的外れなものである。しかし、それはしごく当然のことなのだ。こうした破格の音楽が、もし高度な社会的良識と批判眼を持った人間らしい人間から生まれたなら、それこそ異常である。ブルックナーの音楽の想像を絶する世界は、まさにこの野人からしか生まれ得なかったのである。

　こうしたブルックナーの感覚世界に、ある意味で近い音楽と言えば、サンタナではないだろうか。カルロス・サンタナは蟹座の生まれだが、乙女座の影響を強烈に受けて生まれた。サンタナという彼のワンマン・グループは、パーカッションを含むその構成からラテン・ロックと呼ばれるが、こうした短絡的な形容はまったく意味がない。彼らの最高傑作はアルバム『キャラバンサライ』、そして続く『ウェルカム』だが、特に前者は、まったく不思議なことに一度理解してしまうと、どのような理性をもって考えても、これが人間の手によるものとは思えないのである。そして、これが複数の人間の手から生み出されたということも、さらにまったく理解できない。これは確かにギターの音であり、パーカッションの響きである。しかし、やはり宇宙の、そして原始の音楽としか言いようがない。この点では、ブルックナーをすら上回っている。傑作を発表し続けていた当時の、サンタナのメンバーたちの、女性関係や金遣いなどの素行は、めちゃくちゃなものだったという。それを嫌ったニール・ショーンとグレッグ・ローリーは脱退して、ジャーニーというバンドを作ったが、やはり音楽も人気はあっても常識の域を出ないものになってしまった。私はロックでたった一枚選べと言われたら、迷わず『キャラバンサライ』を選ぶ。こんな音楽が、再び人の手によって創られるとは思えないからである。サンタナを知りたい人は、ブルックナー同様、いきなり聴いても分かりにくいので、セカンド・アルバムあたりから入門するとよい。
また、こうした難解さの点で、サンタナはポピュラー音楽評論家の試金石とも言える存在である。

【怪奇趣味の展開――クイーン、マイケル・ジャクソン、石井竜也】

乙女座のあまりに極端な例を挙げたので、もう少し常識的な（？）アーティストを挙げてみよう。まずは、惜しくもエイズで他界したクイーンのフレディー・マーキュリーだ。フレディー・マーキュリー（本名フレディー・バルサラ）は、一九四六年九月五日、ザンジバルに生まれた。彼は十四歳まで、ザンジバルとアフリカ東海岸沖のペンバ島で過ごした。このころの幸福な日々は、後の彼のアーティストとしてのパワーの充電期間であった。その後、イギリスに引っ越すと、彼の生活は激変する。強い日ざしと豊かな自然に囲まれた少年時代は終わり、イギリスの気候そのままのように陰鬱な青春がやって来る。しかし、その中で、彼はブライアン・メイとロジャー・テイラーと出会うことになり、オーディションで加わったジョン・ディーコンと共にクイーンを結成する。ファースト・アルバム『クイーン／戦慄の王女』は酷評された。しかし、このアルバムにも、彼らの才能は十分に発揮されている。そして、やはり評判のよくなかったセカンド・アルバム『クイーンII』では、B面の作曲をすべて担当し、マーキュリーの一大絵巻が披露されることになる。各曲は一つ一つ独立しながらも、ビートルズの『アビー・ロード』のような完成したメドレー形式をとり、素晴らしいパワーとそれにまったくひけを取らない音楽性で、聴く者を引っ張ってゆく。まったく彼独特の、素晴らしい色彩感が展開する。それは清純な明るいものというよりも、むしろ怪奇な紅や紫の混じり合ったような、乙女座ならではの感覚だ。常に変化を続けるすさまじいリズムと転調も、彼の音楽の特徴である。歌詞内容もまったくそれに添ったもので、人食鬼、クルミを割る妖精、悪魔と踊る黒衣の女王の行進といった種類のものである。乙女座の怪奇趣味が、怪しい花を咲かせるさまを堪能することができる。そして、それは次のアルバムも同様である。大ヒットした「キラー・クイーン」は高級娼婦の歌だが、そんな歌詞を無視して音だけを聴けば、実にオシャレな乙女座の女性の姿が浮かんでくる。途中で跳ねるように明るくなるメロディーも、乙女座の女性の移り気な性質そのものだ。先に流れるほうの「神々の業」（このアルバムには同名の曲が二曲入っている）なども疑心暗鬼のエログロ趣味的感性の成功作だ。そして、四作目『オペラ座の夜』の一曲目の「デス・オン・トゥー・レッグス」は、マーキュリーのこうした傾向の集大成とも言える傑作だ。そして、何度となく大ヒットしている「ボヘミアン・ラプソディー」は、「ママ、僕は今、人を殺してしまった……」という歌詞で、やはりこのサインの恐怖趣味が発揮されている。この曲は、途中で奇怪な明るさを持つオペラ風のメロディーに変わる辺りも、変わりやすい乙女座の意識をよく具現している。

また、マーキュリーの作風を聴いていると連想してしまうのが、やはり乙女座の影響の強い十九世紀末の退廃的挿絵画家ビアズリーの絵だ。実に見事に、乙女座の趣味を示している（私たちになじみの深い印象派の画家に、乙女座は一人もいない。これも参考になる）。また、この感性に近い日本人画家と言えば、やはり乙女座の竹久夢二だ。彼の作品にも、乙女座独特の暗い憂愁が漂っている。

ちなみに、彼の「マーキュリー」という芸名は、彼が自分のサイン、乙女座の守護星が水星（英語でマーキュリー）であることに因っている。アルバム『オペラ座の夜』と『華麗なるレース』に描かれている二頭の獅子（テイラーとディーコン）、蟹（メイ）、そして乙女（マーキュリー）の姿は、それぞれのサインを表わしている。

マーキュリーは、現実の生活では巨万の富と蒐集した美術品・骨董品に囲まれて、麻薬とセックスに包まれ、快楽の限りを尽くした人だった。巨万の富と蒐集癖では同じだが、麻薬の代わりに、自らの容姿の整形にこだわり、自分の豪邸に爬虫類館を造った、やはり怪奇趣味の強いアーティストに、マイケル・ジャクソンがいる。彼

フレディー・マーキュリー（クイーン） Freddie Mercury（Queen）

ビートルズなき1970年代、クイーンはイギリスの国民的バンドとして君臨した。ヴォーカルのフレディーは、強力なキャラクターと美声、それを支える強靱な作曲能力を備えていた。代表作としてアルバム『オペラ座の夜』が有名だが、エネルギッシュな作品世界の展開という点では、セカンド・アルバムこそが最高傑作。1991年、エイズで死去。

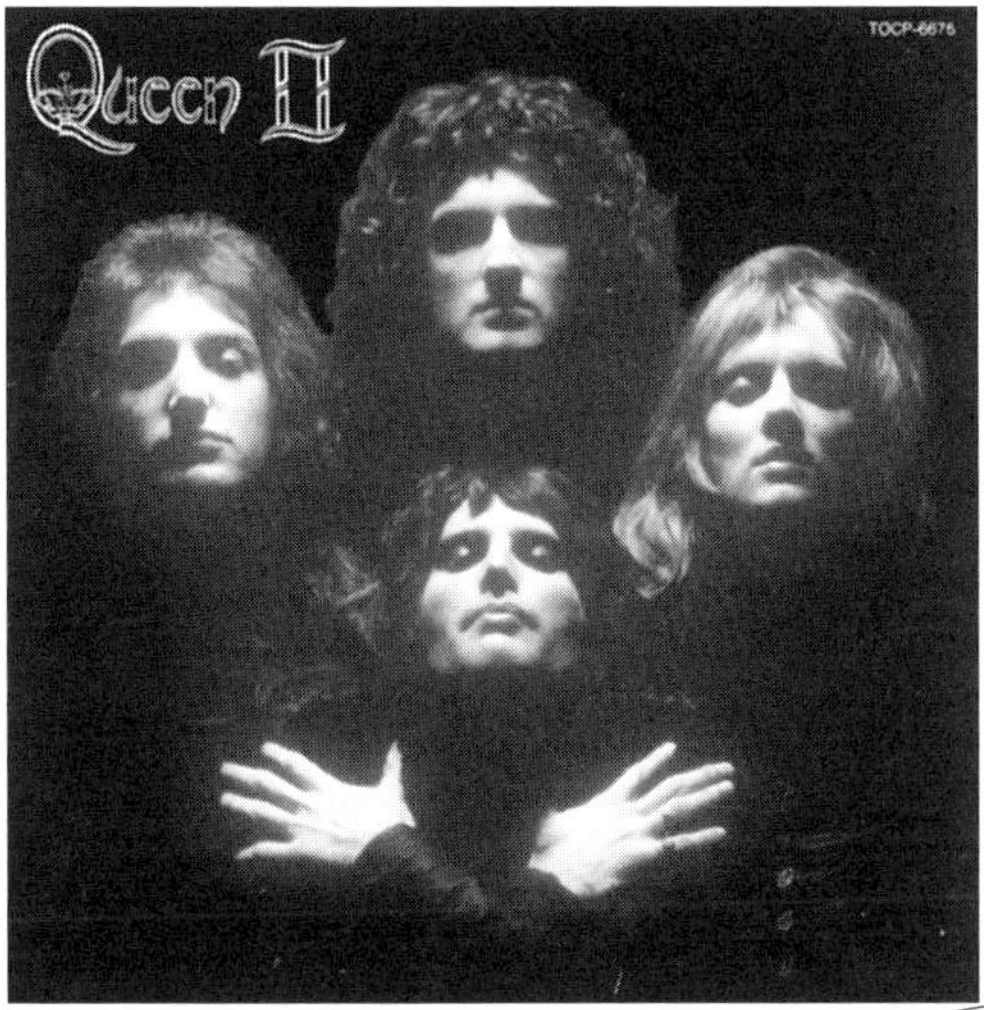

フレディー・マーキュリー

CD写真『クイーンII』
Queen II

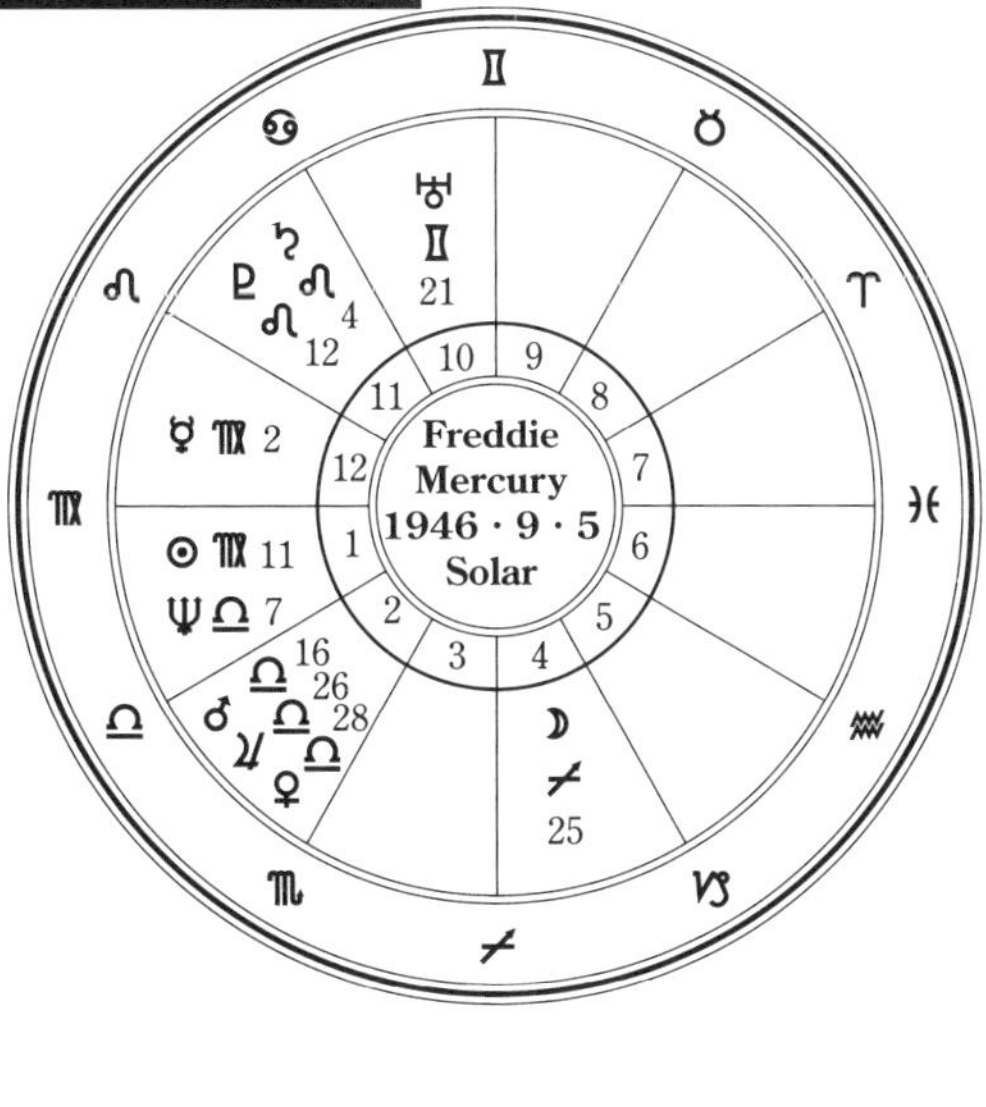

がいつも誰かに狙われているという脅迫観念から逃れられずにいることなども大変象徴的だが、とにかく彼を始め、乙女座のアーティストの曲には短調のものが多い。彼の曲も「ビリー・ジーン」「スリラー」「デンジェラス」など、独特の悲劇的感性を持つ曲が多い。また、フィルム「スリラー」やアルバム『デンジェラス』のジャケットは、彼の美意識をよく表わしている。また、ピンク・フロイドのサウンドの頭脳的存在、ロジャー・ウォーターも乙女座だと言えば、もうこれはダメ押しだろう。

また、ジャズ・アーティストには、次のような人たちがいる。ジョン・コルトレーン、ソニー・ロリンズ、チャーリー・パーカー。

そして日本では、何と言っても、その初期から「ファンク・フジヤマ」などのヒット曲を持つ、米米クラブからスタートした石井竜也が、その体現者だ。彼は、中性的な薄化粧、泥臭い二枚目、残酷なユーモア感覚、口を開けば三枚目的、それでいて本来シャイで無口な人だと言われている。乙女座の同系列のアーティストに、最近ではT. M. Revolutionがいる。毒気の強い個性である。それから文学好きな方のために、作家では何と言っても三島由紀夫が、乙女座の影響を強く受けた山羊座であることを記しておこう。

【褐色の水着美人――夏の乙女座ソング】

乙女座の女性は、後で述べる文学少女型と、褐色の水着美人型に二分されるといっても過言ではない。実際、この感性はいろいろな曲にも現われている。たとえば、郷ひろみの「モンロー・ウォーク」の作曲者で自らも歌っている南佳孝も、乙女座の影響が強い。ラッツ・アンド・スターの「め組の人」「今夜はフィジカル」などを作曲した井上大輔も乙女座で、ちなみにラッツ・アンド・スターのメンバーのうち、鈴木雅之、田代まさしら四人が乙女座だ。あの褐色のメイクは、乙女座の感性の現われか。夏の風物詩的な曲の多い杏里もそうだ。彼らの音楽の特色は、とにかく振幅の激しいリズム、ちょっとブラック系のノリがある。クラシックでこれに近い感性を持つのがチェコの作曲家、アントニン・ドヴォルザークである。彼の作品では交響曲第九番の『新世界より』が有名だが、各楽章の強力なリズム感は乙女座ならではのものだ。そして、土着的で洗練され切れない、陰りのある音色にも、上記のポップ・ソングを知っている人なら、容易に共通点が見出せるだろう。

そういえば、作曲はしていないが「CHA-CHA-CHA」の石井明美、そして安室奈美恵らがこのサインであるのも、決して偶然ではない。

【文学趣味とセンチメンタリズム――井上陽水】

井上陽水、一九四八年八月三十日、福岡県田川市生まれ。乙女座の太陽と、蟹座の月の強烈な影響下に生まれている。彼は、もう二十五年以上も日本の音楽界の第一線で活躍しているアーティストだ。ブルックナーなどの風変わりな例を知った後では、乙女座というサインが世俗から逸脱したサインのように思われるかもしれないが、そんなことはない。むしろ正反対だ（「逸脱する」とは「無視する」ことであり、乙女座のようにわざわざ他人から見た時に変わって見える方向へと向かうことではない。たとえば、天秤座や射手座、そして水瓶座のように世俗を無視しがちな作曲家は、世俗を「無視する」のだから、自分の生活までをも奇怪なものにはしない。純粋に精神だけの世界、形而上学的世界に昇華してしまい、人気も評判も顧みない清純さが表出してくる。そこが乙女座と根本的に異なっている点だ）。M・ジャクソンらの怪奇趣味も、現実に対する執着と密接につながっているのである。ブルックナーですら、その作品は生前に高い評価を得ているほどだ。

井上陽水は現在でもヒットをたたき出しているが、最もモニュメンタルで、しかもほかのアーティストが真似のできない水準に達しているアルバムと言えば、やはり『氷の世界』であろう。まず何がモニュメンタルなのかと言うと、この作品は日本人が初めて百万枚を売った記念すべきアルバムなのだ。まだ、CDもレンタルもなかった時代のことだから、これはそれ以後の百万枚の感覚とは、まったく次元の違うスーパー・ヒットだった。全曲が詩と曲の高いレヴェルでの調和を見せていて、内容は少し変わった日常世界――一般に「非日常」と呼ばれるもの――を色濃く描いている。有名なのはシングル・カットされた「心もよう」だが、「さみしさのつれづれに……」と恋人に手紙をしたためる形式、その独特のセンチメンタルな調子、文学少女的個性の日本の乙女座の嗜好を明確に表わしている。ほかにも「あかずの踏み切り」「自己嫌悪」「小春おばさん」、そしてアルバムのタイトル・ソングの「氷の世界」など、題名だけでも乙女座の心象風景の世界を旅しているような気分になれる。やはり、疑心暗鬼な乙女座の世界があるのだ。「人を傷つけたいな　誰か傷つけたいな　だけどできない理由は、やっぱりただ自分がこわいだけなんだな」というフレーズにも、ほかの乙女座のアーティストと共通の感性を見出すことができるだろう。そして繰り返すようだが、この恐怖心は、極めて世俗的で現実的なものに対する価値観から生じている（その証拠に、乙女座の歌詞には、天秤座のような理想論は滅多に見られない）。だから逆に、才能豊かなアーティストでも浮き沈みしがちな芸能界において、これだけの業績を上げ続けられるのである。

ほかに代表的な乙女座のアーティストとしては、谷山浩子、さねよしいさこ、矢沢永吉、内田裕也、大江千里、パッパラー河合、玉置浩二、小田和正、東野純直、SION、TAKUYA（JUDY AND MARY）などがいる。

さて、乙女座の特質をまとめてみたい。一般に「乙女」という言葉から連想されるイメージからは、大分違うように思われるのではないだろうか。読者の方は、このようなところでまた、西洋占星学の真実性を実感できるのではないかと思う。「乙女座」という言葉が先にあるのではなくて、何か固有の表現しがたい感覚があり、のちに象徴的に「乙女」という言葉が当てられたというだけなのである。さて、ではこの乙女座“Virgo”（ヴァーゴ）という言葉に解釈を求めるなら、次のように説明できる。この“Virgo”という言葉は、いわゆるヴァージンのことである。まだ大人の恋も性も未体験な少女の好奇心と警戒心を表わしている。乙女座は、西洋占星学的には、最も美意識の下降する位置の一つだ。それは、まだ大人の女性（レディ）になりきらない少女の迷いと小心さ、何か確かなものをつかみたいのだが、理屈抜きで感覚的な世界と結びつけられずにいる疑心暗鬼な精神状態を象徴している（乙女座は美意識や感性のサインではなく、知性のサインである。彼らは「理屈」、そして確かな「現実」が欲しいのである）。しかし、この魂の不安が、むしろ彼らに素晴らしい創作活動を行わせる原動力となっているのである。

9　山羊座　ペルゴレージとジミー・ペイジ、そして松任谷由実
——さまざまに変化する現実音楽

12/23〜1/20生まれ

分類　女性＝内省的音色
活動＝たたみかけるようなリズム
地　＝質量感と構成力

一般的性格：重厚で地味・素朴な性格。思慮深く、冷静に物事に対処する。粘り強い意志と忍耐力。実利的で研究者肌。大器晩成型。スローモー。

【山羊座のクラシック作曲家】

さて、ついに山羊座に来てしまった。この章が、私にとっては一番の難関だ。山羊座は、いわゆるコツコツ型の研究家肌の感性の持ち主で、何か感覚的な表現をしようとする時に、一瞬、それを心の中で押し止めるものを意識しがちである。結果的に、人生もコツコツ型の研究家肌になりやすいが、ここではそれは関係ない。なぜなら、コツコツ型の研究家肌の芸術家が存在したっていいからである。それよりも、さらに心の内面のメカニズムとしての山羊座の「コツコツ型の研究家肌の感性」が、芸術家の数を減らしているのではないかと考えられる。有名な山羊座の作曲家と言えば、ペルゴレージくらいのものである（ほかに、スクリアービン、プッチーニ、バラキレフがいるが、暦の記録の関係で山羊座と確定できず、ほかのサインの可能性も高いので、ここでは語らない）。ペルゴレージは、二十六歳の若さで亡くなったイタリアの天才作曲家で、『スターバト・マーテル』やオペラ『奥様女中』が有名である。彼の月のサインは、水瓶座か魚座であると思われる。いずれにせよ、美意識の影

ジョヴァンニ・バティスタ・ペルゴレージ　Giovanni Battista Pergolesi
(1710.1.4 イェーシ～1736.3.16 ポッツォーリ)
イタリアの作曲家。バッハやヘンデルとほぼ同時代とは思えない、新しく非常に繊細・多感な作品を残した。1733年に幕間劇『奥様女中』で大成功。後のフランスのオペラ・コミックの源流を作る。胸を病んで、フランチェスコ会修道院に入り、憂愁に満ちた旋律美の『スターバト・マーテル』を書くが、直後26歳の若さで夭折する。

ペルゴレージ

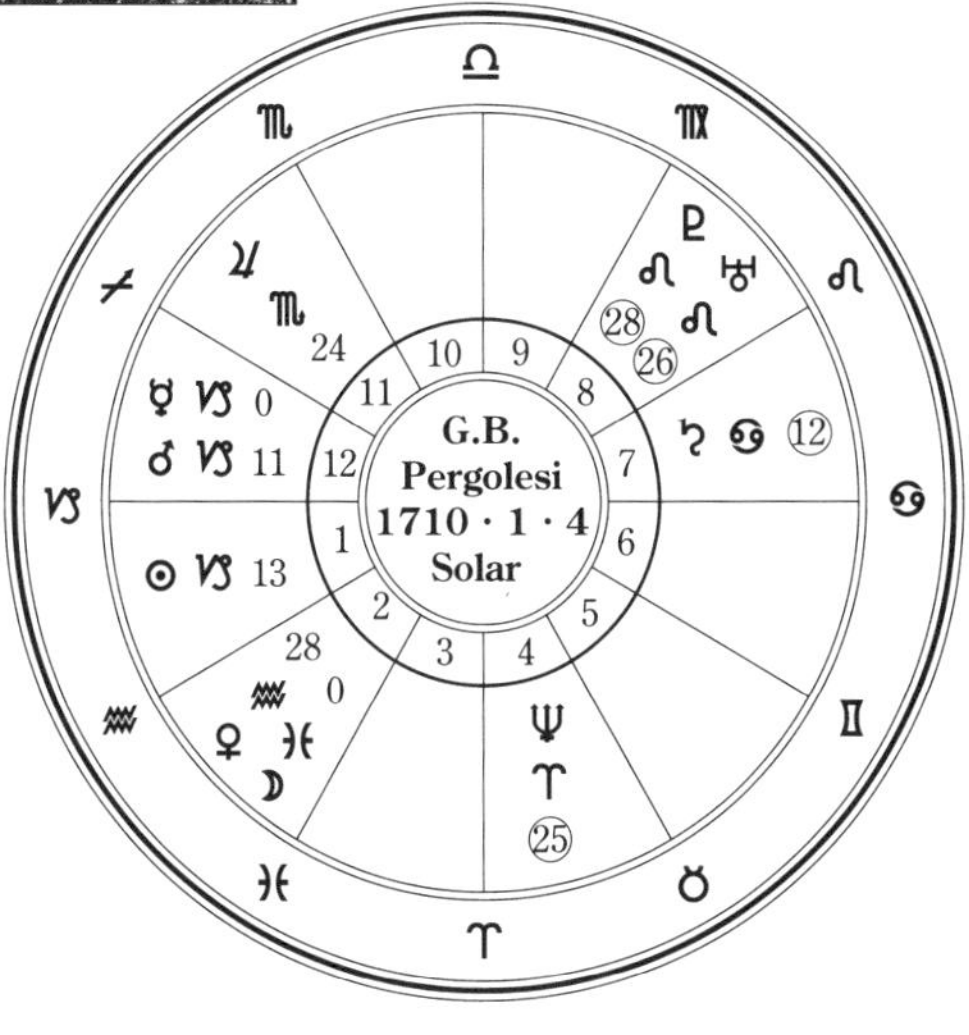

響力の強い金星と重なっていて、山羊座にしては特に作曲などの分野に向いているということは見て取れる。つまり、ペルゴレージの場合も、山羊座の太陽自体が直接創作に関与しているかどうかは決定しにくい。

【芸術に向かない?――山羊座の個性】

山羊座というサインは、こと美意識に関する限り、そのパワーのレヴェルが最も下がってしまう位置なので、これ自体が才能の源泉にはならない場合が多い。ほかに美意識の下降するサインとしては、乙女座、蠍座、牡羊座が挙げられるのだが、乙女座は妖艶なロマンティシズムで、蠍座は情緒性で、牡羊座は明るい陽性の活力で、おのおのそれなりの個性的な美的世界を造り出すことができる。しかし山羊座には、芸術作品を造り出すときにサポートしてくれるほかの体質的・個性的な条件が、大変弱い。ほかのサインと比べた時、その感性の世界はどうにも乾いていて、しかも物質的な地のサインということもあって、無趣味で味気ない干からびた世界になることが多い。だから、美に関わる作業をする時には、どうしてもその人のホロスコープ中のほかの惑星のサインの影響に頼ることになる。そして、その最も重要な惑星とは、まず月である（後述のリストの名前のあとのカッコ内にその人の月のサインを記しておいたので、参考にしていただきたい）。そして、これはもちろんのことだが、山羊座の人はみな音楽の才能がないというような短絡的論理とはまったく関係のない話である。

山羊座の芸術家で、山羊座特有のカラーを出している人を挙げてみよう。たとえば画家で言えば、印象派のセザンヌが山羊座だが、その質量感と実在感を重視した感性は、まさに山羊座のものである。ほかにユトリロやマチスがいるが、一般に山羊座の作風には透明感が少ないのが特色である。

大作曲家とは言えないが、ヴァイオリンの小品を残した山羊座の作曲家に「ガボット」のゴセックと「金婚式」のマリーがいる。どちらもヴァイオリンの音色がよく生かされた佳曲で、特にマリーの「金婚式」の独特の木目調の色彩感は、山羊座の気質を表わしていると言えるだろう。

このように考えたところでまとめてみると、山羊座の美意識には、次のような特徴が顔を出すことがあると言える。

【虚飾のない音色——レッド・ツェッペリン】

・乾いた、ムダのない構成力のある音楽
・アコースティックで、素朴な飾り気のない音楽
・元気はあるが、カスレたようなシブさのある個性
・リズムのはっきりした曲になると、「ドカドカッ」という重量感のあるリズム

ロックにおける代表作品として、レッド・ツェッペリンのアルバム『プレゼンス』を挙げておきたい。リーダーのジミー・ペイジ、本名ジェームズ・パトリック・ペイジは一九四四年一月八日に生まれた。ホロスコープ上の月は、蟹座にある。彼の太陽の山羊座と月の蟹座はホロスコープ上で正反対の位置にあり、共に活動サインで強力な緊張関係を生み出している。レッド・ツェッペリンにおける彼の音楽が、常に激しい律動感と緊張に満ちているのは、ここから来ているのだ。ちなみに、ベースのジョン・ポール・ジョーンズも山羊座（月も山羊座）である。これに輝かしい獅子座のロバート・プラントのボーカルと、双子座の怪力ドラマー、ジョン・ボーナムが加わって、レッド・ツェッペリンができたのだった。アルバム『プレゼンス』の一曲目の「アキレス最後の戦い」の間奏部分でのドカドカッというリズムは、決してドラマーのジョン・ボーナムだけが創り出したものではない。これこそが、まさに山羊座と蟹座が活動宮であるとされる所以なのである。そして、一曲目が山羊座のリズムを示す名作なら、二曲目「フォー・ユア・ライフ」は、まさに山羊座の持つ色彩感覚を表わす傑作である。

ジミー・ペイジ（元レッド・ツェッペリン）　Jimmy Page（Led Zeppelin）
伝説のグループ、ヤードバーズを経て、レッド・ツェッペリンを結成し、1980 年にドラムスのジョン・ボーナムが死去するまで、ギタリスト&コンポーザーとして一世を風靡する。その後ソロに転じるが、レッド・ツェッペリン神話は今も消えていない。

ジミー・ペイジ

CD 写真『プレゼンス』
Presence

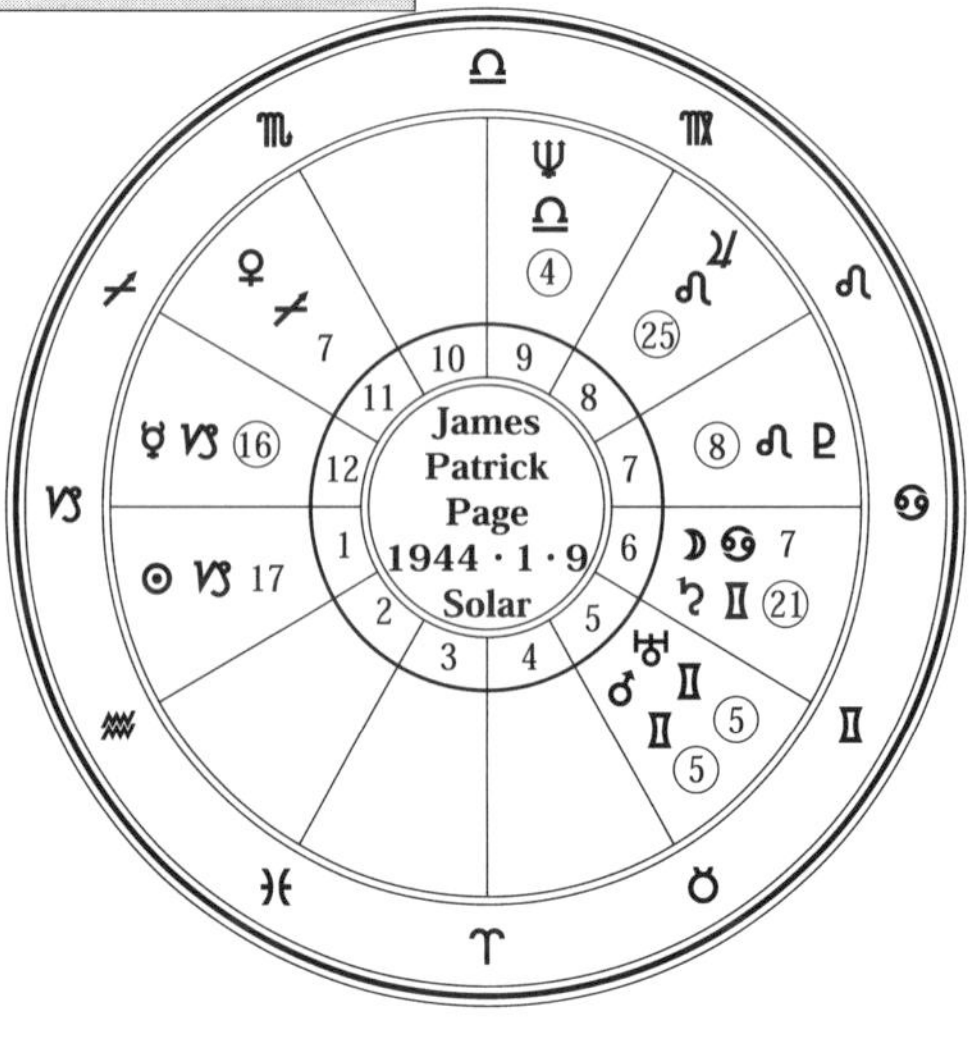

この曲の価値を一聴して理解する人は決して多くないだろうが、聴くにつれて、一音一音の確かさや構成力が心に染み入ってくる作品であり、レッド・ツェッペリンが今日もハード・ロックの雄として聴かれている理由がよく分かってくる。この作品は決して派手ではない。チャラチャラしたところがまったくない。あるのは力感、重量感、そして非常にゆっくりではあるが、着実に発展してゆく曲の精神のようなものだけである。

ほかに、海外の山羊座のアーティストには、次のような人がいる（カッコ内は月のサイン）。

エルヴィス・プレスリー（魚座）、ジャニス・ジョップリン（蟹座）、ジョン・デンバー（魚座）、デヴィッド・ボウイ（獅子座）、ロッド・スチュアート（蠍座か射手座）、ケニー・ロギンズ（射手座）。

また、ジャズ・アーティストには、次のような人たちがいる。チェット・ベイカー、ジョン・マクラフリン、ジャンゴ・ラインハルト。

【ユーミンのシニシズム】

「浅田彰が逃走論を唱えたり、男たちが『手のひらを返したように生きていいんだ』などと言い出す前から、『私はコウモリよ、どっちにもつくのよ』と、軽く変身しようとして来た日本のミュージシャン……」

精神科医で「戦争を知らない子供たち」などの作者であるきたやまおさむは、こんな風に松任谷由実を紹介している。確かに、ミュージシャンという範疇で考える限り、一徹・盲目的で、最悪の時には自爆してしまう射手座などと比べると、彼女の音楽は実に時代に対応している。それというのも、射手座などのような音楽的なサインの場合、もともと語るべき実質を伴って才能というものが存在しているのだが、山羊座はそうではない。彼女は、現実のさまざまな現象や人間模様を鋭くスケッチして作品を創り上げる。つまり、今流れている時間や時代に反応して曲が生まれてくる。内面からというより、外面から創るのだ。いつの時代にも、普遍的な人間性・芸術の価値というものは、通常、現実の社会のあり方からではなく、一個人の内面から生まれてくる場合がほとんどだと言っていいだろう。その点から考えると、やはり山羊座の創作態度とは、ロマンティックで多情な芸術家肌というよりも、現実世界のあり方を探究し描いてゆく研究者なのだろう。

また、文芸評論家の竹田青嗣は、「ユーミンには一種独特のシニシズム（醒めた目）」があり、彼女は「おそるべきミーハー」だと述べているが、この見方に私も賛成である。彼女の作品において感じられることは、サザンや竹内まりやの作品のように、イントロの後、ヴォーカルが始まるか始まらないかのうちに、聴く側をその人が現在位置している世界とは別次元の情感の世界に引きずり込んでしまうということが、まったくと言っていいほどないということだ。歌詞が始まった時に、聴き手は「ああ、なるほど」と思う。これは、ほとんど音という独自の言葉を持った世界のあり方ではない。歌われることは、テーマのみならず情感そのものまで現実にあるものであり、聴き手をどこか超次元的な世界へと導くものではないのである。彼女の「醒めた目」は、常に対象に距離を置いている。しかしながら、ニーチェが「ディオニュソス的芸術」と呼んだ音楽とは、我を忘れる情動性が先行するものであったはずである。この点から考えれば、松任谷由実の音楽は明らかに「芸術」に対する「デザイン」である。情動的な芸術から激しい主観の嵐が取り除かれれば、そこに現われるものは何であろう。竹田氏は、これをシニシズムと呼んだのではないだろうか。山羊座のハウンド・ドッグの大友康平は、かつて吉川晃司や尾崎豊（いずれも火のサイン）をどう思うかというインタビューに、次のように答えている。

「彼らは実体験の渦の中にいて、生々しいことばでやれるからうらやましいよね。しかし、俺たちは、ある程度、解決策へのベクトルをもってやらなければならない。なんかおかしい、で反発して、集結するだけでは解決は出ない。夢がズタボロにくずれ、それをもう一度積み木のように積み、そしてまたくずれたら積む、という作業を見せていきたい」

火の玉のように問題に直接飛び込んでゆく火のサインや、理論とポリシーを第一に考える風のサイン、そして人間をまず感情の動物として捉える水のサインのアプローチに比べ、大友のそれは、さらに現実的な解決法を意識している点で、地のサインの山羊座の特性を露わにしている。そして、夢の破綻に対しても、ある程度冷静であると同時に、また苦労性とも言えるような態度を見せる。この目的意識が、山羊座の個性なのである。

山羊座の場合、芸術家としての試練は、彼らがどのようにして彼らの周囲の現実を乗り越え、単なる現実から理想美的な芸術の世界へと入ってゆくかということにかかっているのではないだろうか。

日本の山羊座のアーティストはほかに、トータス松本（ウルフルズ）、ＣＨＡＲＡ、山崎まさよし、ＣＨＡＧＥ、大黒摩季、大木綾乃、五十嵐公太（JUDY AND MARY）、宇多田ヒカルなどがいる。

水のサイン……歌曲・小曲、情緒的で没我的な作風

10　蟹座　マーラー、カルロス・サンタナ、そして中森明菜
——生と死の間を揺れ動く不安な魂

6/22〜7/23生まれ

分類　女性＝内省的音色
活動＝たたみかけるようなリズム
水　＝情念的、豊かなメロディー

一般的性格：自己防衛の意識と母性愛が強い。現実的で保守的。また、周囲の人や環境に順応する感受性も強いが、情緒の豊かさから多情になる傾向もある。

【なぜ、マーラーはオペラを書かなかったか】

現実的な感性を持つ蟹座にはそれほど作曲家は多くないが、数少ない彼らの個々の作品で、その個性は独特のはっきりとした特性となって現われている。

グスターフ・マーラーは、一八六〇年七月七日、カリシュトに生まれた。太陽は蟹座、そして月が魚座に位置していた。この大交響曲作家についてしばしば言及されるのは、彼が「ときおり投げるオペラ制作への流し目」を持ちつつも、最初期に一曲書いただけで、歌曲と交響曲に創作の主体を置いていたということだ。事実、完全に同時代の作曲家で親交のあった双子座のR・シュトラウスのオペラでの活躍ぶり、そしてマーラー自身がオペ

グスターフ・マーラー　Gustav Mahler

（1860.7.7 カリシュト〜1911.5.18 ウィーン）

ユダヤ系オーストリアの作曲家・指揮者。師弟関係のブルックナーが純器楽交響曲作家であったのに対し、彼は交響曲に声楽を取り入れた。作曲は指揮活動の合い間に行われ、世紀末文化の中で生の苦難と死と救いの問題などを取り扱った。交響曲第1番『巨人』、第2番『復活』、第6番第7番『夜の歌』『大地の歌』、歌曲集『亡き子をしのぶ歌』などが有名。

マーラー

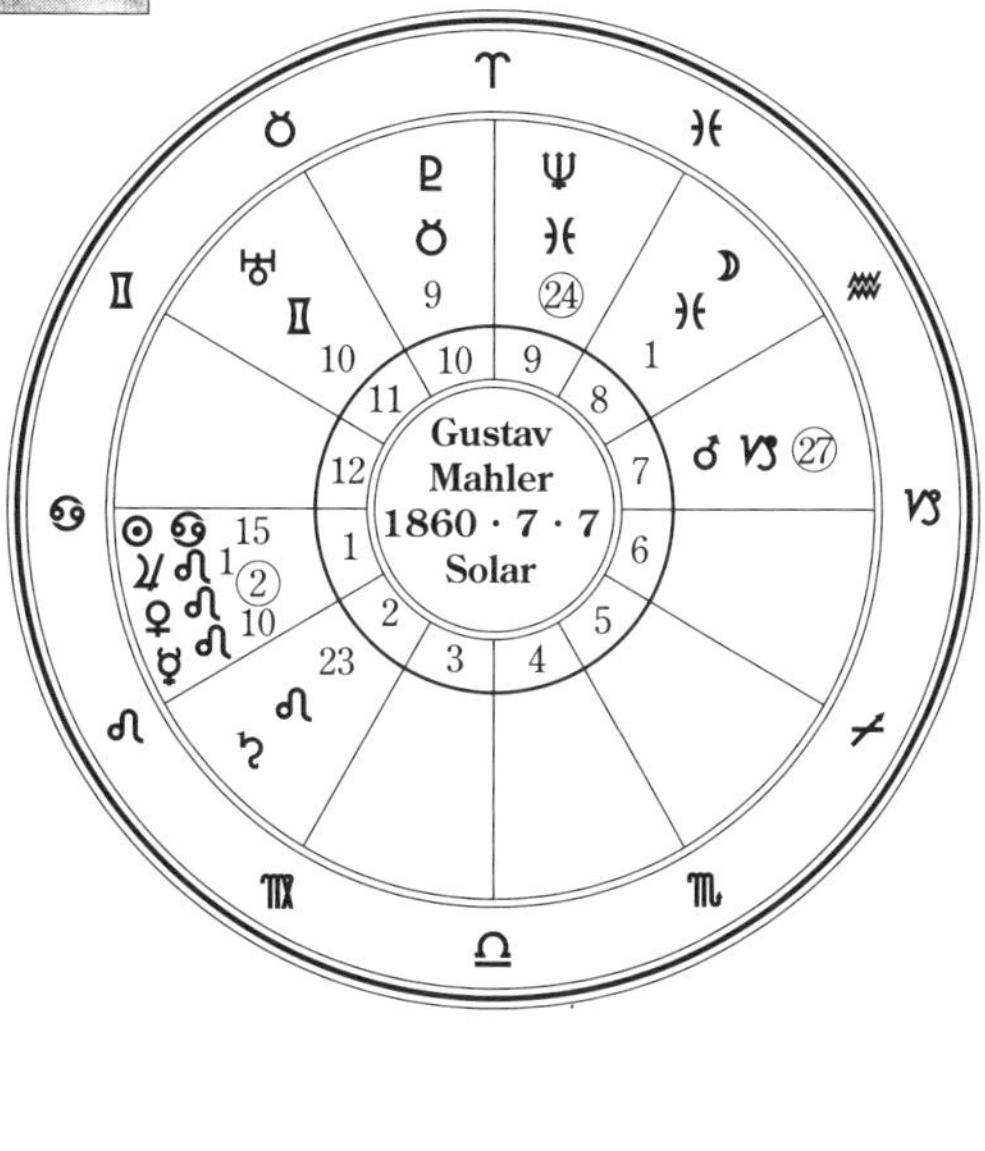

ラ指揮者としても一流だったという背景を考えると、彼がオペラを書いていないという事実は、非常に不思議なことのように思われる。門馬直美は「マーラーにとっては、シューベルトと同じく、交響曲と歌曲とは切り離すことのできない、いわば同一の創作世界だった」としているが、西洋占星学上のこの二者の共通点と言えば、まず月が魚座にあることだ。シューベルトもオペラを書いてはいるが、あまり得意な分野であったとは言い難い。では、こうした魚座の閉鎖的な叙情性だけが、オペラへの道を妨げたのかというと、それは少し違うようだ。魚座の影響下でも、ロッシーニのように強い双子座の影響がある者はオペラを書きまくっているし、マーラーと同じ蟹座の太陽を持つ作曲家でも、天秤座の月を持つヤナーチェクのように、すごいオペラを書いた人はいる。しかし、予定調和のサインである天秤座と不調和な角度を作り相性の悪い蟹座は、本来、魚座とはまた別の意味でオペラを苦手としていることは間違いない。そして近代以降、魚座と蟹座だけの要素でオペラを書くことは、非常に稀だったと言えるのだ。近代から現代にかけての世紀末的な劇感覚の崩壊、これがマーラーを襲ったということが根本にある事実関係ではあるが、それだけならやはり「なぜ、R・シュトラウスは……」ということになるだろう。近代がオペラ滅亡の時代というわけでは決してないのだから。蟹座と魚座、やはりこの二つの水のサインの結合こそが、彼をオペラから引き離したのだ。

マーラーの音楽からはっきりと聞き分けられるものは、天秤座や双子座の持つ予定調和に対する感性、その徹底的欠如だ。黒田恭一は、いみじくもマーラーの交響曲を「私小説」という言葉に喩えて「私オペラ」という言い方をしているが、水のサインに独特の自己閉鎖的な感性が、マーラーをして自己との葛藤の世界に閉じ込めてしまったのだ。風のサイン独特の、自己の感性を技術として客観的に打ち出すという側面が、非常に少なくなるのである。太陽と月の位置が両方とも火のサインであるベートーヴェン、地のサインだけのブルックナー、そして水のサインだけのマーラーは、いずれも大交響曲作家であっても、大オペラ作家では決してないのである。そして、いずれのホロスコープにおいても、風の三サインの影響は非常に弱い（ここで、一応確認しておきたいのだが、実際のところ、西洋占星学上の問題で“never”〈絶対に……ない〉ということは、絶対にない。人間を対象とする学術の分野で、この種の限定は本質的に禁句である。私は、風のサイン以外の要素だけではオペラが不可能だなどと言っているのではない。むしろ、こうした人たちがオペラを書けば、今までのオペラとはまったく違う概念のものになるかもしれないと言いたいのだ）。

形式の上だけでなく、主題の趣味という点でも、蟹座には面白い特色がある。夏の女性サインという点で共通である乙女座と同様、独特の暗さを持っている。まず「死」、そして「輪廻転生」というテーマに非常に敏感であるということだ。独唱と管弦楽のための『大地の歌』で唄われる「生は暗く、死もまた暗い」といった言葉によく表わされているように、この作曲家にとって「死」というテーマが無縁だったことは、ただの一度もないのだ。『嘆きの歌』『亡き子をしのぶ歌』などの歌曲集、そして交響曲群の中に繰り返される葬送行進曲の響き。現実と非現実の間で孤独に揺れるのが乙女座の感性ならば、生と死の間で打ち震えるのが蟹座の感性だ（同じ恐怖心でも、乙女座の場合にはそこに強い好奇心が介在しているが、蟹座にはそれがまったくない。彼らは、時間という軸で捉えた時の人間の生というもののはかなさ・美しさに限りなく繊細に反応する。まるで呼吸の一回一回が自分の生身の傷に染み込むような切なさがそこにある）。同時代で親交のあった芸術家としてよく比較される人に、好対照の存在としてR・シュトラウスがいることはすでに触れたが、同系列の存在として比較されるのが、もう一人のグスターフ、世紀末の画家グスターフ・クリムトだ。同系列で比較されるのも当然で、彼もまた蟹座なのである。そして、同じく生と死の間ではかなく揺れる魂を描いた。そして、これら蟹座の芸術は決して冷たくない、生温かいのである。「むせ返るような」という形容をつけてもよいだろう。これらはとにかく自己閉鎖的なものが多く、それと見極めやすい。空間が閉じ切っている。そして、奇怪な要素が強い。同時代人ではないが、マーラーが多大な影響を受けた十七世紀オランダの画家レンブラントのほか、ドガ、モディリアーニ、シャガール、キリコなど、みなこの点で共通している画家たちだ。蟹座は、感情を表わす月の位置としては最強位である。彼らのギリギリとした強烈な感情の流れが、対象を主観によって歪まさずにはおかないのだ。

【生のはかなさと輪廻転生——ヤナーチェクの『利口な女狐の物語』】

こうした死と生の間を揺れる蟹座の感性は、チェコスロヴァキアの生んだ大作曲家ヤナーチェクにおいては、さらに分かりやすい説明ができる。

レオーシュ・ヤナーチェクは、チェコスロヴァキアの小村フクヴァルディに一八五四年七月三日に生まれた。彼の才能の特異性は、芸術において最も対立的で相容れないポリシーを持つ二つのサイン、蟹座と天秤座を太陽と月に備えて生を享けたことである。蟹座の感情最先行型の、つまり主情的な特性、それに対し天秤座の感情より美意識最優先の、すなわち明確さと調和を求める特性が、彼の中には同居しているのだ。その最高傑作が、歌劇『利口な女狐の物語』だ。ここでは、狐も、穴熊も、蚊も、すべて人間と同じ対等の言語をしゃべる。そして、暑い夏の午後に飛び回る虫たちの声、人間たちの日常、そしてヒロインである子狐ビストロウシカが虫を見つけてうれしそうに叫ぶさまなど、生き物の誕生、そしてその生の切なさ・はかなさが、苦しいほどに胸に迫ってくる。一般に蟹座の芸術家は、天秤座的平等論や火のサイン的実力主義には耳を傾けない（むろん、これは両者のどちらがより真実的かなどという問題ではない）。しかしこのオペラでは、二つの対立的な概念は切なく同居している。蟹座の生きとし生けるものに対する同情心と天秤座の絶対平等的な美意識、手法としては蟹座の主情主義的なロマンティシズムが天秤座の予定調和的な形式感によって処理されている。劇の最初のほうで奏でられる、悲しげに弾むようなメロディーは、可憐な蟹座の少女を想像させずにはおかない。そして、特に最後の密猟者ハラシタの登場の場面の凄さには、言葉すらみな空しいものとなってしまう。ビストロウシカの死を意味するハラシタの登場に比べれば、「死神」や「亡霊」などのほうが、まだ恐ろしくないような気にさえさせられてしまう。このオペラは、ビストロウシカの死後に新しい子狐を見た猟場番が、生命の輪廻の不思議に打たれる場面で終わっている。

このような蟹座の性質の顕著な作家としてすぐに思い出されるのが、太宰治だ（作品を知ってさえすれば、そのホロスコープが書けてしまいそうなくらい、彼は分かりやすい例だ。そのくらい、その言葉のごく単純な意味において、自分の感覚に正直に生きた人だったのだろう）。『人間失格』『斜陽』などで常に弱い者の側に立ち、徹頭徹尾ロマンティックかつ主情的であった彼は、双子座の太陽、蟹座の月を持っていた。そして、強者的な正道主義の獅子座の月を持ち、的確で無駄のないリアリズムの文体を誇る志賀直哉と激しく対立することになる。一九四八年、志賀の批判に応える形で『如是我聞』を発表する。ただ太宰の場合、太陽はおしゃべりで快活な双子座なので、この攻撃文は自由自在な評論文学となっている。

「……みな、無学である。暴力である。弱さの美しさを、知らぬ。……日陰者の苦悶。弱さ。聖書。生活の恐怖。敗者の祈り。君たちには何も解らず、それの解らぬ自分を、自慢にさえしているようだ。そんな芸術家があるだろうか。……アンデルセンの『あひるの子』ほどの『天才の作品』も、一つもないようだ。そうして、ただ、えばるのである。腕力の強いガキ大将、おやまの大将、乃木大将……」

雄弁な双子座が、弱者庇護を第一とする蟹座の感性を弁護した絶好の例だ。

【カルロス・サンタナ――蟹座にはなぜ天才ギタリストが多い？】

サンタナについては乙女座のところですでに触れたが、ここではギタリストとしての彼の才能に蟹座という視点から迫ってみよう。

カルロス・サンタナは一九四七年七月二十日、メキシコのオトゥランに生まれた。五歳のときにヴァイオリンを教わるが、のちにギターに転向。彼の率いるバンド、サンタナは、一九六九年のウッドストック・ライヴ・フェスティヴァルで、ソウル・サクリファイスの名演を披露し、一躍トップ・グループにのし上がる。初期のサンタナのギター・プレイは、まさに悪魔が乗り移ったという言葉がふさわしい。テクニックでも何でもない。ただ、人間の感性が、音というものにここまで自在に乗り移った例が、ほかにまったくないのだ。いや、こんなものがそうたくさんあってはいけないのかもしれない。アルバム『サンタナIII』や『キャラバンサライ』という、初めて聴く者の想像を絶する音楽を残している。

サンタナをはじめ、ジェフ・ベック、ジミー・ペイジ（レッド・ツェッペリン）、ブライアン・メイ（クイーン）、ジミ・ヘンドリックスなど、スーパー・ギタリストは、蟹座の影響を受けた人に多い。上記のラインナップを見て、「エリック・クラプトンが入っていない！」と思った人も多いのではないか。そうなのだ、彼は入っていない。なぜなら、彼はヴォーカルも十分にこなせるからだ。蟹座は、ほかの水のサインと同様、沈黙サインと呼ばれ、言語での表現は一般に得意でない（これは、先のマーラーがオペラを書かなかった遠因にもなっている）。しかし、魚座は歌曲のサインであるし、蠍座の定着サイン的な精神構造はギターの早弾き的なピッキングには向いていない。同じぐらいの才能のあるアーティスト群があったと仮定すると、その中で感情のエネルギーが強く、しかもそれが小刻みに素早いギター・ピッキングの原理に最も近い活動サインの意識構造を持ち、それでいて言語表現に向かない蟹座こそが、ギタリストになる確率が高いと言えるのではないだろうか。私は、ここでは何も、むやみに指の動きが速いだけの有象無象のプレイヤーたちまで含めて言っているのではない。あくまで、内面に語るべきものを持ったギタリストに蟹座が多い、と言っているだけだ。そして、この蟹座のギタリス

カルロス・サンタナ　Carlos Santana（Santana）

ウッドストックで衝撃のデビューを飾ったサンタナは、一般にラテン・ロックと呼ばれるが、内容はラテンという一分野をはるかに超越している。ロック音楽がすべてのジャンルを越えた１つの頂点、それがサンタナであり、アルバム『キャラバンサライ』はその記念碑的作品の１つである。近年では『スーパーナチュラル』がビッグ・ヒットしている。

カルロス・サンタナ

CD 写真『キャラバンサライ』
Caravanserai

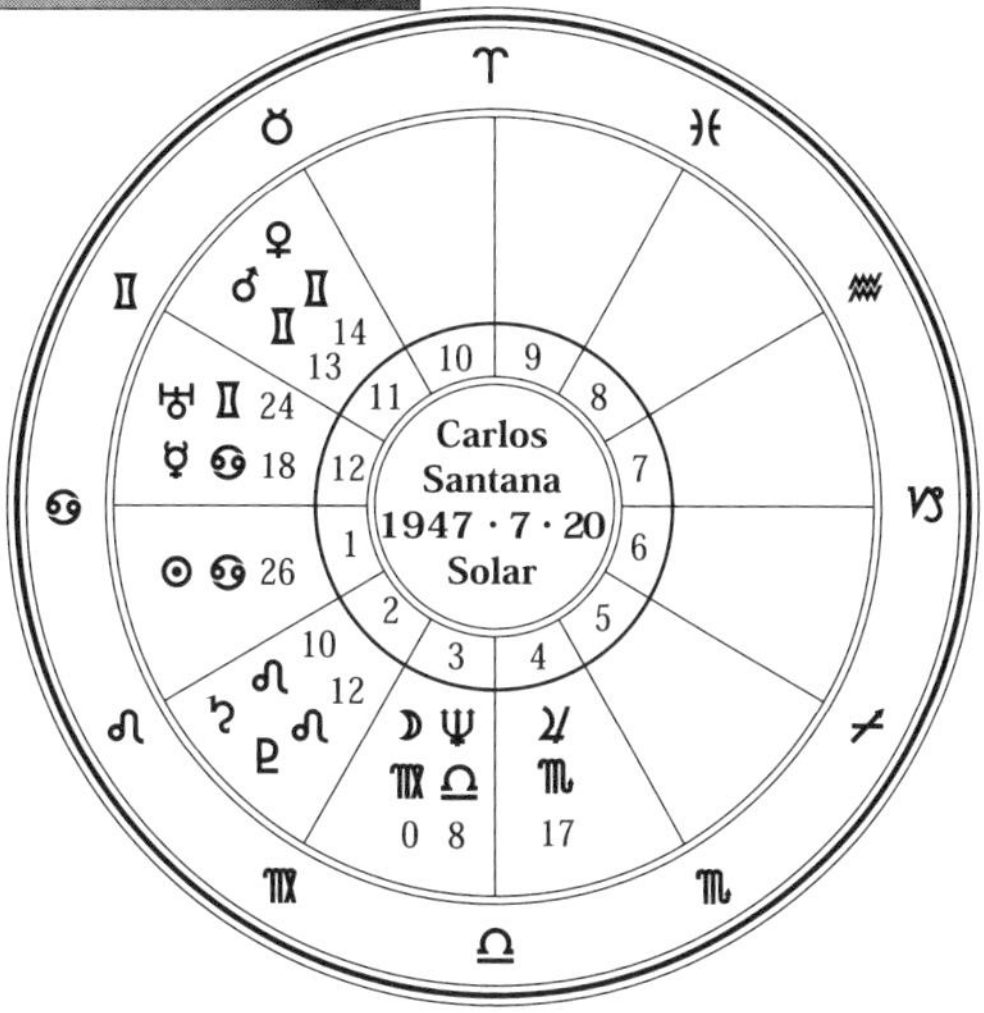

トたちの共通点をよく想像してみて欲しい。先ほど、蟹座の音楽は冷たくないと書いたが、ギター・プレイヤーとしての蟹座の音楽も、ギリギリと緊張し、ギラギラと熱いものだと言える。そして、激しく絡むような活動サイン独特の音型が生まれる。サンタナの「果てしなき道」、ベックの「スキャッター・ブレイン」、ペイジの「アキレス最後の戦い」、メイの「ブライトン・ロック」、ヘンドリックスの「パープル・ヘイズ」などを顕著な例として挙げておこう。また、アコースティック・ギターの名手でもあるポール・サイモンも、蟹座の影響が大変強い人である。「平和の流れる街」などで、素晴らしい蟹座的プレイが聴ける。

こうした蟹座の現代アーティストの音楽を形容するときの言葉を探してみると、たとえば「哀愁」「情熱」「凄み」「かっこいい」「キマッてる」などが近い。決して「精神的余裕」とか「幸福感」などではない。蟹座の音楽には、生というものの一瞬の凄みを感じさせるものが多いのだ。これが、クラシックの分野においても、聴き手がその中に安らかに浸ることのできる、安定した包括的な空間、または世界観を与えにくいという性格につながっている。マーラーもヤナーチェクも素晴らしいが、彼らの音楽しかない世界など、想像したくもない。そして、上記のような形容は、グループの一メンバーとしてのギタリストには、打ってつけのものなのだ（乙女座の包括性を兼ね備えたサンタナは、特異な例外である）。

形容の中の一つ「かっこいい」とは、ヴォーカル・ソングにおいてはどのような例があるかと言うと、恰好な代表例はカーリー・サイモンの「うつろな愛」だろう。実にかっこいい、ワルな男性が描かれている（彼女の作品には、アットホームな蟹座の幸福感に満ちた例として挙げられるものもある。アルバム「ホットケーキ」がそのよい例だ）。また「哀愁」という面で言えば、ちょっと昔に人気のあった人になるが、フランスのミッシェル・ポルナレフがいる。「悲しみのロマンス」「愛の休日」、そして「リップスティック」などが典型的だろう。このうち最後のものは、ヘミングウェイ姉妹の演じる、美しくも悲しい、そして強い女性のレイプ事件を描いた、同名映画のオリジナル・サウンド・トラック盤だが、映画も曲も、どちらも切なく蟹座的である。彼のヒット曲「シェリーに口づけ」は、最近、サッカーのフランス・ワールド・カップの日本チームの応援歌として、そのメロディーだけが復活した。ポルナレフの最高傑作アルバムは『ポルナレフＵＳＡ』である。

海外の蟹座のアーティストとしてはほかに、ジョージ・マイケル、ドン・ヘンリー（イーグルス）、リンダ・ロンシュタットらがいる。

また、ジャズ・アーティストには、次のような人たちがいる。アル・ディメオラ、ルイ・アームストロング、スタンリー・クラーク。

【意外と少ない日本人アーティスト】

蟹座と獅子座、そして乙女座をまとめて「母性の三サイン」と呼ぶのを御存じだろうか。母性愛が強く、「弱きを助け強きをくじく」性質の強いサインと言われている。しかし、これは芸術という分野から見たときには、別の考え方ができる。芸術活動とは、本来、孤独な個人的な作業だ。現実の愛とか性などよりも、自己の内面の理想美に対する感性を先行させなければならない。歌人で小説家の岡本かの子が、のちに彫刻家となる岡本太郎の養育にまったく無頓着だった話は有名だが、そこまで極端でなくとも、芸術の世界に没頭する者は、何らかの形で現世での成功や生活を犠牲にすることになる場合も多い。ところが、この三サインにはこの気質は確かに薄い。つまり、「母性の三サイン」はまた「生活の三サイン」でもあるのだ。クラシック音楽や日本のポップ・ミュージックに比較的蟹座が少なく、海外のアーティストでもギタリストが多い理由はここにある。そして日本の音楽では、作曲が中心ではない歌手が（獅子座同様）多い。やはり、現実のパフォーマンスが彼らの心の多くを占めるのだろう。女性では、太陽の影響力が相対的に若干弱まるため、男性ほど極端ではないが、やはりさほど多くはないし、ほかの惑星などの影響も総合的に考慮に入れた場合、「これが蟹座だ」といったアーティストはかなり少ないといってよい。それより遙かに明らかになるのは、俳優の場合である。特に女優は、このサインの影響の強い人が非常に多いし、はっきりとした共通点もある。ここでは初心者向けの分かりやすい例として、歌手・女優の場合を例に挙げてみたい。

蟹座の歌手・女優

小柳ルミ子、松坂慶子、浅野ゆう子、斉藤慶子、南野陽子、中森明菜、大竹しのぶ、藤原紀香、優香。

蟹座ではないが、蟹座の影響を強く受けた歌手・女優

菊池桃子、富田靖子、斉藤由貴、高橋由美子、工藤静香、小泉今日子。

お分かりだろうか。彼女らに共通するのは、とにかく自分たちの「女」の性質を前面に強く押し出す、眼の輝きの強さだ。蟹座というのは母性愛は強いが、感情のエネルギーが強すぎるために、前後の見境のないわがままな個性となって現われることもある。これがどのような形で現われるかは、年齢や環境も影響してくるが、主にホロスコープで明らかになる。とにかく、非常にフェミニン（女性的）なサインなのである。

【蟹座を体現した歌手――中森明菜】

「いい女」――このすでに多少古くなった言い回しには、独特のニュアンスがある。この「いい」とは、「いい男」とか「いい人」とはまったくちがった意味がある。決して「可愛い」だけではなく、また必ずしも「いい人格」であることも意味しない。男に従いながらも、女でなければできない方法で自分の我を押し通す、そんな決して「友情」的ではない魅力を持った女性、これを「いい女」ということが多い。また、失恋してやけっぱちになったり、めちゃくちゃな行動を起こしたり、時には男を知らず知らずのうちに欺してしまったり、このような

危険だが放っておけないような雰囲気が漂う女性を指して「いい女」ということが多い。また、この言葉が古くなってしまった理由も、日本の男たちのひとりよがりの夢想が終わりを告げつつあるところにあるのだろう。先に、蟹座は非常にフェミニンなサインだと記したが、こうした悲劇のヒロイン的な個性が好きだったり、または自分自身がそうであったりすることが一番多いサインが、蟹座なのである。

最初のマーラーのところで記したように、蟹座の感性の根本には、生のはかなさに対する思いがある。破滅への恐怖感、そして、今まさにこの一瞬に賭けようという思いの強さは、人一倍である。そして、家庭的であることは、しばしば排他性につながる。敵・味方に分け、好き嫌いがはっきりするということだ。誰にでもよくするわけではないという点で、恋愛は戦場となり、蟹座の女性は、いわば悲劇のヒロイン的な個性を持つことも多い。とは言っても、一般にはホロスコープが蟹座一色になることはあり得ない。各人の想像や芸術の中に現われてくるだけで、実際には「蟹座の女性には確かにそんな面がある」と言える程度にとどまる。しかし、こうして語ってくれれば、この条件が中森明菜にはよく当てはまることに気がつくだろう。彼女についての噂のすべてが真実というわけではないだろうし、果たして私たちの知っている彼女の姿のどこまでが彼女の実体なのか、それともマスコミが造りあげたイメージの独り歩きなのかは、誰にも分からない。しかし、ブラウン管やCDを通じて伝わってくるものの中には、確かな真実もある。多くの（男性たち以上に）女性たちが共感してやまない中森明菜の個性は、まさに蟹座の特性なのだ。

ホロスコープを見ると、彼女は正反対のサイン、山羊座の影響を強烈に受けている。この対立する二極に揺れ動く感性が、彼女の魅力なのだろう。ヒット曲「難破船」の作詞・作曲は、この山羊座のもとに生まれた加藤登紀子だ。こうして、明菜にとっては、まさにハマりすぎの曲ができてしまったことになる。

ほかには、沢田研二、藤井フミヤ、近藤真彦、浜田麻里、渡辺美里、井上昌己、鈴木聖美、中村あゆみ、人時

（黒夢）、稲垣潤一、細野晴臣など。男性も、特徴的な熱唱型が多い。

11　蠍座　ビゼー、イーグルス、そして中西圭三
――素朴に熱く歌い込む、情念先行の音楽

10/24〜11/22生まれ

分類　女性＝内省的音色
定着＝安定した質量感
水　＝情念的、豊かなメロディー

一般的性格：素朴で、どちらかというと「演歌調」の個性。感覚的というより情念的。精神的・求道的な一方で、ムードには弱い。問題となる一つのテーマに集中する。

【誤解されている蠍座】

蠍座という言葉は、どうも人に皮肉で感覚的で鋭いという印象を与えるようだが、事実は正反対と言ってよい（「そうよ、わ・た・し・は……」という美川憲一の歌で大いに誤解されているようである）。まず、蠍座の女性にはダジャレが通用しない。彼女らは言葉の意味をまっすぐに理解しようとするので、言葉の音を感覚的に捉えようという性向は非常に少ない。感覚が常に先行する魚座や射手座などと比べると、何と素朴で実直な個性であろうか。蠍座は、魚座・蟹座と並んで沈黙サインに分類されるが、彼らの場合、寡黙であるが故に、言葉の意味内容が重要になってくるのである。このサインは火星の影響を強く受けると言われるが、それに水のサインの情念が加わった蠍座の音楽は、金星の影響の強い天秤座などの一点豪華主義のキラキラした輝きに比べると、一つ一つのメロディーに地道な思い入れが激しく、徐々に盛り上がる、いわば「演歌型」個性だ。ほかに火星の影響の強いサインというと牡羊座と山羊座だが、これらのサイン同様、蠍座の男性もムサいといっても過言ではな

い。飾り気のないまじめな個性で、こんな蠍座のムードに安心感を感じる人も多いことだろう。

【カルメンとドナウ川】

歌劇『カルメン』でよく知られるジョルジュ・ビゼーは、一八三八年十月二十五日、パリの生まれ。太陽は蠍座を運行中、月は山羊座か射手座にあったと推測される。蠍座の持つ音楽の、あの独特の熱く乾いた音色は、まさにスペインを舞台とした歌劇『カルメン』のイメージにぴったりのものだった。この題材が選ばれたあとで彼の天才の本性が動き出したのか、それとも天才が題材を選んだのかは永遠の謎だが、完成度の高い芸術作品はすべて、不思議と初心者にも分かりやすい象徴的個性を持つことが多い。ビゼーを愛する者なら、この『カルメン』の作者が蠍座であるということだけでも、とても偶然とは思えないだろう。吉井亜彦の言う「強烈な真夏の陽ざしに日焼けした肌がもつあの独特のにおいのような、なぜか胸を切なくする奇妙に乾いた感傷性、不思議に身になじむ明るい叙情性」という、ビゼーの音楽を心の底から愛する人物ならではのこの形容こそ、蠍座の魅力そのままである。

蠍座のクラシック作曲家として、ビゼーと共通点を持ちながらも対照的な人を挙げてみたい。ワルツ王、ヨハン・シュトラウス二世である。あの朗々とした響きも、やはり蠍座のものである。ただしこちらは、ビゼーの月の射手座／山羊座に対して、魚座か牡羊座の影響を受けた蠍座である。これは、ちょうどモーツァルト（水瓶座・射手座）とシューベルト（水瓶座・魚座）の対称と同じ違いをもたらす。各組の前者は冬のサインの影響で、比較的乾いた、意志的で構成感のある音楽を書いたのに対し、後者は春のサインの影響のため、ひたすらメロディアスで濡れた、ほかの天才には考えられないような美しい旋律を書いた。また、ヨハン・シュトラウスを通して、我々はここで蠍座のもう一つの個性を見ることができる。それは「思い入れ」と「誇り」の共存であ

ジョルジュ・ビゼー　Georges Bizet

（1838.10.25 パリ〜1875.6.3 ブジヴァル）

フランスの作曲家。恵まれた音楽的環境の中で 10 歳でパリ音楽院に入学し、17 歳で小規模だが非常に優れたハ長調の交響曲第 1 番を書いている。1863 年、歌劇『真珠取り』で成功。1872 年、劇音楽『アルルの女』組曲の頃には、酒におぼれ健康を損ねていた。1875 年、歌劇『カルメン』が大成功を収めつつある中、それを知らぬまま 36 歳で死去。

ビゼー

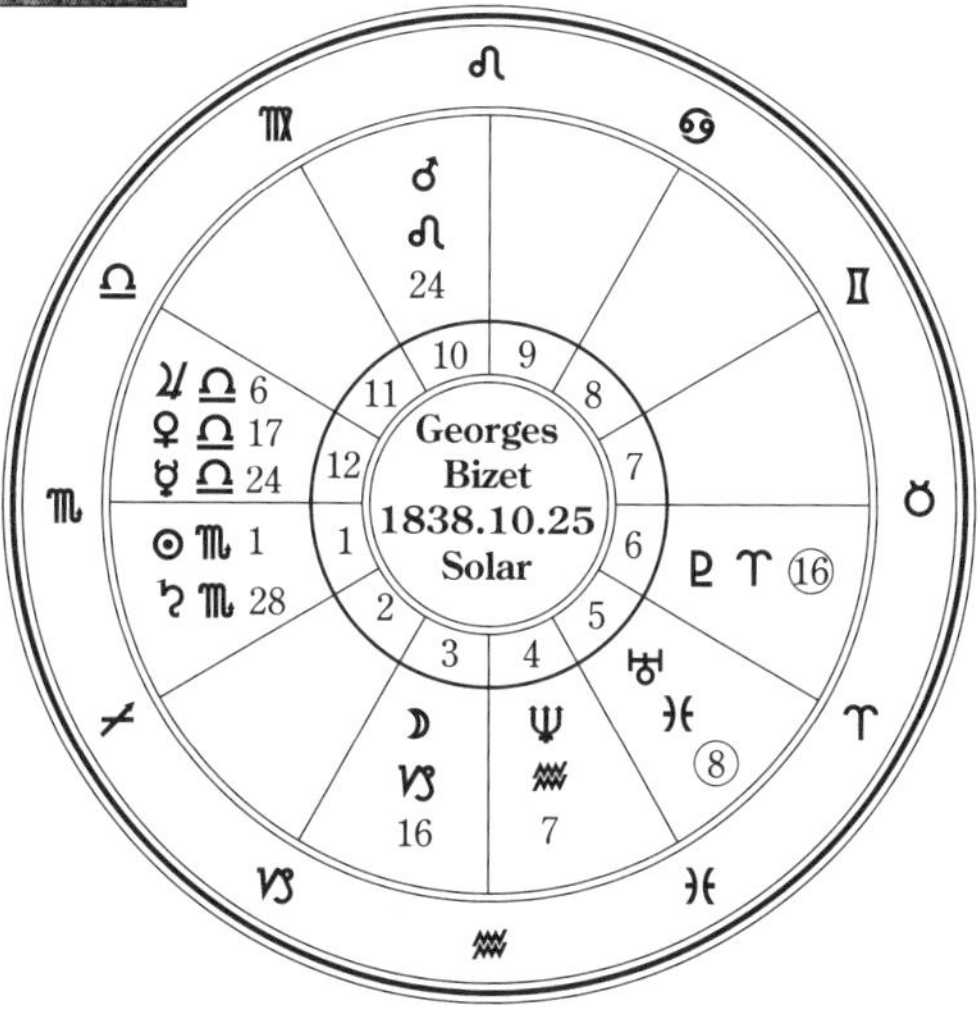

る。曲の情念がピークに達した次の瞬間、メロディーは居直ったようにプライドの高い行進を始めるのである。「美しく青きドナウ」の有名な主旋律の音型は、さまざまな視点からひたすら六回繰り返されたあと、七回目に居直ったように行進を始めるのだ。この同じ音型を一途に繰り返す気質は、蠍座の女性には非常に顕著である。情にほだされると、ひたすら一途に直球で誠意と信用を盾に訴えるのである。それでいて力まかせの自己表現にならないのは、彼女らが意志的である以上に、情念的な性質だからである。これが、火のサインの女性たちと決定的に違うポイントである。このパターンを、読者が知っている蠍座の女性に当てはめ、彼女らの素朴な性格を理解してあげていただきたい。

このような性格を持つポピュラー音楽としては、サルヴァトーレ・アダモの「サン・トワ・マミー」を挙げておこう。これも、才能あふれる蠍座の素朴さとひたむきさが芸術となった好例である（ちなみに、現在ユニセフ親善大使を務めるこの作曲家が、日本では「雪が降る」や「ブルージーンと皮ジャンパー」くらいでしか知られていないというのは、非常に残念なことである。彼の作品は、特に一九七〇年前後〈主に東芝ＥＭＩ時代〉のものを中心に、ビートルズらを上回って音楽史に残る傑作である）。このように、蠍座の気質からくる作曲法の基本パターンの一つは、メロディーが熱くなるまでひたすら繰り返す、この熱意の感情である。

クラシック作曲家における蠍座に共通する面白い性質は、これだけ得も言われぬ情感を表現する感性を持ちながらも、不思議なことに新しい時代や世界観を切り開くといった感性の原理のようなものを、まったく持ち合わせていないということである。ビゼーやヨハン・シュトラウス二世以外に、ウェーバー、パガニーニ、クープラン、スカルラッティらがいるが、この人たちの音楽がなかったとしたら、どれだけ寂しいだろうか。特に「ビゼーを忘れられる人など許せない」などと思いつつも、決して音楽史上で最重要の地位が与えられていないのである。私は、蠍座の音楽が弱点を秘めているなどと言いたいのではない。蠍座の個性の圧倒的な魅力と相反する事実を前に、本当に不思議な気持ちに包まれているだけなのである。

【『ホテル・カリフォルニア』『ハーヴェスト』の魅力】

ウエスト・コースト・サウンドとして一世を風靡したイーグルスは、典型的な水のサイン（蟹座・蠍座・魚座）のグループだ。メンバーは、この三サインに集中している。メッセージやパワーを直接全面に出してぶつけるというより、ナチュラルなみずみずしい音色で、多少土着的な色彩の情感を聴く者に伝えるところから始まる。そして、彼らの傑作といえば、言うまでもなくアルバム『ホテル・カリフォルニア』であろう。これは、彼ら自身が「建国二百年を迎えたアメリカへのステートメント」と語ったように、アメリカの退廃を哀感を込めて歌い上げた名作だ。しかし、ここで語られているのは、何か変革をもたらそう、新奇な方法を取り入れようといった姿勢（たとえば風のサインのグループ、ビートルズのそれのような）ものではない。あくまで叙情的で、アルバムのどのような場面でも、激しい主張と自我を前面に出すことはない。蠍座を含む水のサインの基本姿勢は、どこまでも五感を通しての「気持ち」の表現である。だからこそ、「カリフォルニアに象徴されるアメリカン・ドリームの形骸化」という大テーマを扱いながらも、理屈抜きで美しく、みずみずしい作品に仕上げることができたのだ。何かを変えようとか、動かそうとするのではない。ただひたすら今目の前にあるものを見つめ、慈しもうとする感性だ。そして、そこに横たわる滅びゆくものへの深い憧憬は、アメリカに対する彼らの畏敬の念すら感じさせる。このアルバムには傑作が多いが、最も蠍座的要素の強いものとして、最後の大曲「ラスト・リゾート」を聴いていただきたい。七分二〇秒に及ぶ大曲だが、構成は八つのパラグラフからなる物語詩を、基本的に同じメロディーに乗せて、ひたすら語って聞かせるように繰り返したものである。「人はそれを『楽園』と呼ぶ、でもそのわけを僕は知らない」と歌いながら、曲は静かな大波のようにうねり、叙情性と共に不思議な

イーグルス　Eagles

イーグルスの結成は1971年、そして事実上の解散は79年である。まさに70年代を通じてアメリカン・ロックの光と影を写し出したバンドだった。作品の本質は、アコースティック・サウンドと美しいハーモニー、そしてワイルドなアメリカン・ロックが混じり合い、何よりもLAに似合う、愛すべきウエスト・コースト・サウンドであった。

イーグルス

CD写真『ホテル・カリフォルニア』
Hotel California

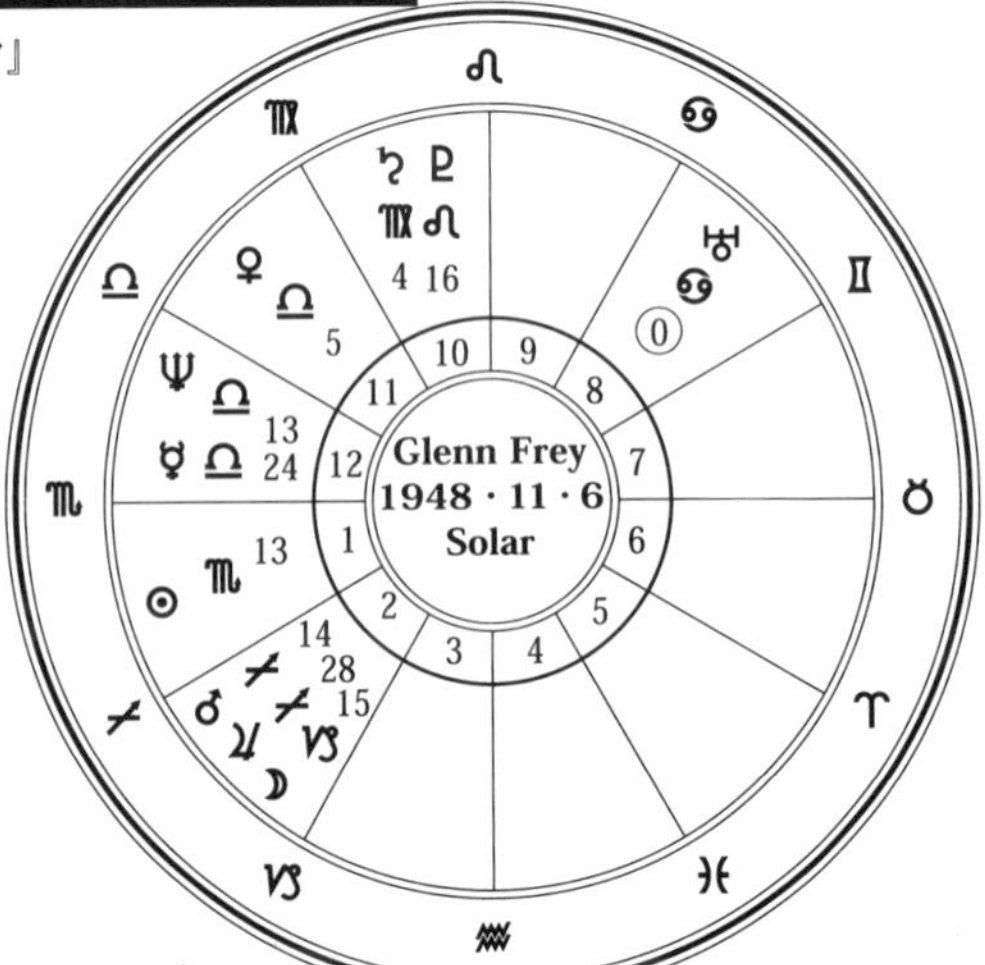

グレン・フライ(イーグルス)のホロスコープ

誇りを感じさせながら、フェイドアウトするのである。そして不思議なことに、聴いた後の感動はヨハン・シュトラウス二世の場合と似ているのである。

蠍座は本質的に素朴派で、けばけばしいものは嫌う傾向がある。したがって、アコースティックなフォーク・シンガーはかなり多い。ニール・ヤングやジョニ・ミッチェルなどが、その代表である。それにしても、こうした蠍座のミュージシャンは、すぐ手前のサインである天秤座のポール・サイモンやジャクソン・ブラウンの巧緻な繊細さと比べると、何と素朴な情感にあふれていることだろう。蠍座は基本的に、才気や辛辣さで曲を書くことはしない。対象を冷静に突き放して表現するのは、彼らのやり方ではないのである。

そのほか、蠍座のアーティストには、次のような人がいる。アート・ガーファンクル、ブライアン・アダムズ、グレン・フライ、ジョー・ウォルシュ（イーグルス）、ジョン・アンダーソン（イエス）、キース・エマーソン、グレッグ・レイク。

また、ジャズ・アーティストには、次のような人たちがいる。クリフォード・ブラウン、フィル・ウッズ、クリス・コナー。

さらに日本のアーティストには、次のような人がいる。中西圭三、清春（黒夢）、森進一、渡辺真知子、伊勢正三、ＮＯＫＫＯ、デーモン小暮、小谷美紗子、古内東子、ａｉｋｏ、ｍａｗａｒｉ、つんく、及川光博、宇都宮隆、今陽子。

12　魚座　ショパン、ジョージ・ハリソン、そして桑田佳祐
——ムードあふれるメロディー・メーカー

219/～3/20生まれ

分類　女性＝内省的音色
変移＝三拍子系のリズム感
水　＝情念的、豊かなメロディー

一般的性格：同情心・信仰心が厚く、感覚的。気まぐれ。

【完成された魚座芸術——ショパン】

魚座のイメージを伝えるのに一番手っ取り早いのが、絵画におけるルノワール、そして音楽におけるショパンである。「美しい」というよりも、まず「かわいらしい」作風（表面的には）、女性的で構成力は強くない。見た瞬間、すぐに「きれいだな」と思える作風である。ルノワールの描く、うるんだ瞳と甘い口もとを持つ女性たちは、まさに多くの現実の魚座の女性の特色なのである。

フレデリック・フランソワ・ショパンは、一八一〇年二月二十二日にワルシャワ近郊のジェラゾヴァ・ヴォラに生まれた。ショパンの出生についてはいくつかの異論があり、ほかに一八〇九年説や三月一日説が有力である。私としては西洋占星学の立場から、まず確実に一八一〇年二月二十二日であると考えている。この日付のみにおいてショパンの月は天秤座になり、彼の分野的には限られているが、ロマン派としては異例なまでに完成された独特の形式感、決して「拡張」を目指さず、むしろ「結晶化」を求める感性のあり方を、最も合理的に説明できるからである。もし、この日付以外の説が確かなものとして証明されたなら、私は私の芸術論の一部を修正

フレデリック・フランソワ（フランシスゼク）・ショパン　Fryderyk Franciszek Chopin
（1810.2.22 ジェラゾヴァ・ヴォラ～1849.10.17 パリ）
ポーランド最大の作曲家。8歳でステージに立ち、17歳の作品でシューマンをして「諸君脱帽したまえ、天才だ!」と言わしめた。作品はほとんどピアノの小曲だが、精緻を極め、駄作は少ない。女流作家ジョルジュ・サンドとの恋はあまりにも有名。「24の前奏曲」、2つの「練習曲集」のほか、マズルカなどポーランド民族音楽を利用した傑作も多い。

ショパン

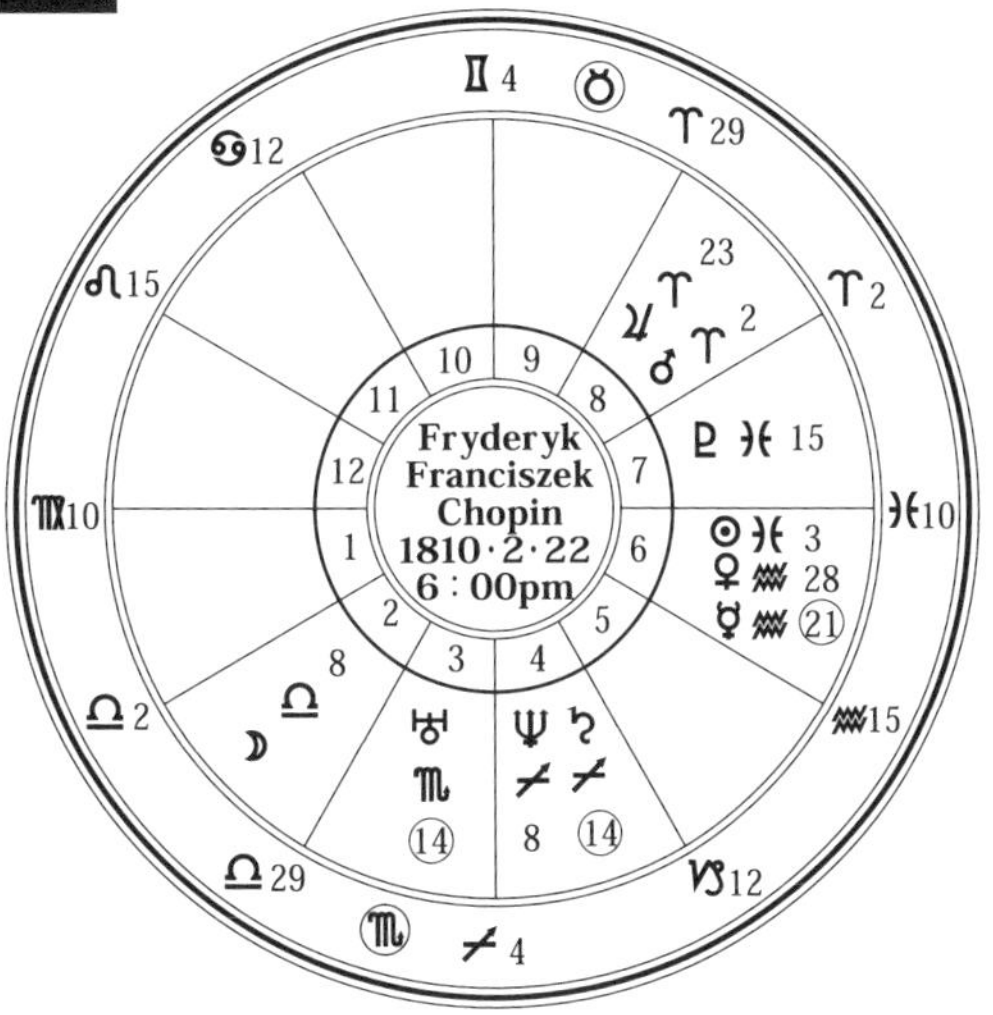

しなければならない。逆に言えば、私はそれほどまでに、この一八一〇年二月二十二日説に自信がある。したがってこの章では、ことわり書きをつけつつも、太陽魚座+月天秤座説に添って説明させていただきたい。

ショパンの一般的なイメージを代表する叙情性あふれる個性は、この魚座というサインに代表されている。ピアノの詩人と呼ばれ、主にピアノ用の小曲ばかりを書いたが、現在に至るまで音楽史上第一級の天才の名をほしいままにしている。それほどまでに、芸術作品の価値とは、その規模ではないのだ。しかも、ショパンは誰にでも分かりやすい。耳に優しく、その意味で感覚的である。魚座の特色の一つは、この大衆性である。ヘンデル、ロッシーニ、ヴィヴァルディ、テレマン、スメタナといった面々を見ても、それは分かる。彼らの音楽は、射手座や天秤座、牡羊座のような、禁欲的な精神を指向しない。次の項で詳しく記すように、同時代のヘンデルと牡羊座のバッハを比べてみても分かる。一般にヘンデルは、バッハに比べ男性的で陽性と認められているが、それでも音楽作品の特性自体は、常に質実剛健といった感覚のバッハに比べると、ぐっと感覚的で、相手に直接メロディーの感覚的な部分で訴えてくる要素が強い（言葉は悪いが「チャラチャラしている」のである）。この親しみやすさが魚座の武器であると同時に、弱点ともなりうるだろう。水のサイン全体の特色だが、多感なあまりに、作品全体の構成力は弱まりがちだし、新しい精神や思想、音楽構造を具現化するという方向には行きにくい。特に、クラシック音楽の批評の世界では、（なぜか知らないが）構成力を必要以上に重視する傾向がある。そのため、太陽水瓶座+月射手座のモーツァルトに比べ、同じ水瓶座でも月が魚座のシューベルトの個性は、高い評価を受けにくいのである。しかし、では魚座の音楽が実際にマイナーであるかというと、私にはどうしてもそうには思われない。射手座も天秤座も、その男性的な力強さという点ではすばらしいが、その代わり理屈や言葉ではとうてい表わせない夢幻の美という点では、魚座や蠍座の魅力にはとてもかなわない。それは、理性を超えた、人間の肉体や自然そのものの魅力にも似ている。もともと芸術とは、言葉にならないものを表現しているものなのだから、水のサインのこの輝きは、芸術の本道だとも感じられるのだ。たとえば、魚座の影響を強く受けた水瓶座のシューベルトの『未完成』交響曲などは、本来の魚座の作品以上に魚座の感じるものを露わにしている。魚座のようなサインによる作品がなかったならば、芸術の世界は、今よりさらに少しお堅いイメージになってしまっていたかもしれない。

水のサインは火や風のサインに比べ、対象にのめり込む盲目的な感性が強い。シューベルトが「陽気な音楽などあるのだろうか」と言っていたという事実、ショパンが自作のワルツの中で一番好きだったのは第三番のイ短調のものだったという逸話を聞く時、彼らの中に流れる魚座的感性がはっきりとうかがわれる（まさか、ベートーヴェンやバッハやワーグナーがこんなことは言うまい）。ショパンの第三番のイ短調ワルツは、ほかの輝かしい明るさを誇るワルツ集に混じって、感傷的でムードあふれる作品である。確かにすぐれた作品ではあるが、ショパンが特に愛していたと聞くと、意外とは思わないまでも、さまざまな憶測を禁じ得ない。それが私の場合は、「やっぱり魚座の人だった」という思いである。作品に耽溺する感情の強さが見て取れるからである。

さて、真正のショパン・ファンで、ショパンが一般に思われているような女性性だけの天才だと思っている人は、まずいないだろう。彼の作品の中には、独特の力強さ、そして彼の天才を不動のものにしている、対象の本質をつかみ取る知的ダイナミズムのようなものが時折顔を出すからである。それは理想主義的かつ明晰な、非常に男性的響きとなって私たちの耳に届く。そして、さらに考察を進めれば、その音楽的な狙いの明晰さが、ほとんどロマンティックな小品しか書かなかったショパンをして真の天才たらしめていることに気がつくだろう。たとえば英雄ポロネーズの、用意周到な前奏に続き、ついに最初の主題が突き出された時の感動などは、とてもショパンが優しいばかりの個性の人だったとは思えないのである（ほかにも『アンダンテ・スピアナートと華麗なる大ポロネーズ』などにも顕著だが、こちらはＣＤで発売されているもので、よい演奏は皆無に等しい状況である）。ショパンのこうした特性から、私はショパンの月の位置は天秤座に間違いないと考えている。これが、先に記した一八一〇年二月二十二日誕生日説の正当性を裏づける彼の特性である。天秤座は、自分の作品のレヴェルを下げるのを異常に嫌うところがある。つまり、志が高いのである。もともと傑作を書けない人ならば問題外だが、一度はすぐれた作品を書いたことがあるのなら、その作品を基準にした批判眼が厳しく働き、ほかの駄作を許さないのが普通である。駄作を書くくらいなら、寡作になるか、作品の規模を切りつめて無駄をなくすのである。これも、ショパンの音楽のあり方に適っている。そして、ロマン派とは思えないほどの形式感の明確さ。これらを全部考え合わせる時（というか、感じ合わせる時）、ショパンの生年月日は一八一〇年二月二十二日に間違いないと思われる。魚座の大衆的な豊かさを天秤座の月がきりりと引き締め、完成度を上げているのである。シューマンをして「諸君、天才だ、脱帽したまえ」と言わしめたもの、そして現代の我々が初めて彼の音楽に触れた時に「これは何はともあれ天才の作品だ」と感じさせるもの、それは真に潔癖で正確な表現形式のあり方とロマン的な叙情性に満ちた作品の内実とを結びつける、音の黄金分割的な調和感とでもいうべきショパンの美意識であろう（芸術家のこのような感性こそ「形式感」と呼ばれるべき重要概念である）。ショパンのこの感性の源泉となっているものが、月の天秤座だと考えられるのである。このサインは、一般に多作ではない。意識的・無意識的に作品にシビアになるため、生まれてくる作品はもともと切りつめられた無駄のないものであり、才能乱発型ではないのである。メロディーのサインである魚座と、この硬質な美意識を持つサインである天秤座の影響を極めて強く受けた芸術家、それがショパンだったと断言できるのである。

【世俗と芸術の狭間――ヘンデル】

バロックの巨匠、ゲオルグ・フリードリッヒ・ヘンデルは、一六八五年二月二十三日（新暦三月五日）、中部ドイツのハレに生まれた。幼時から著しい楽才を示し、若くしてイタリアに進出し、後にイギリスに渡り、国際的巨匠として波乱に富んだ劇的な生涯を送った。代表作は、誰でも一度は耳にしたことのある、あの「ハレルヤ・コーラス」を含むオラトリオ『メサイア』、そして輝かしい音色を誇る『合奏協奏曲』であろう。

ヘンデルといえば必ず対照に出されるのが、同年に一か月と違わずに生まれた牡羊座のヨハン・セバスティアン・バッハである。音楽史と占星学を多少かじっただけの人は、この対照には首をかしげるかもしれない。ヘンデルの場合、その音楽は雄渾壮大で、広く市民一般に訴える音楽を書き、その生活も世界を股にかけた活躍だったのに対し、バッハは内省的で精緻な対位法的な音楽を書き、その生涯はほとんど教会と宮廷に仕える地味な職業音楽家であり、平凡な家庭人であった。こんな事実を知って、さてはと占星学の本をひもといても、答えは簡単には出てこない。ヘンデルの魚座は「女性的、同情的でムードに流されやすい優しい気質」とあり、バッハの牡羊座は「男性的、外発的、野性的、意志的」といったようなことが書いてある。これだけ読めば、まるで芸術家のあり方と占星学の理論は正反対であるような印象を与える。しかし、占星学と芸術の両方をよく知る者にとっては、まさにこうでなくてはいけないのである。

そこで、さらに抽象的に魚座と牡羊座の感性を整理してみれば、次のようになる。

魚　座……共感的、旋律的、色彩的（ヘンデル、ロッシーニ、ショパンなど）

牡羊座……ドグマ的、意志的、ポリフォニック（バッハ、ハイドンなど）

もうほとんどこれだけで、この二大巨匠の説明になってしまっているのではないだろうか。実際、クラシック音楽を理解する者で、本当にバッハを内省的だから女性的であると解釈している者もいないだろうし、それと同様、ヘンデルのことを外向的だから優美ではないとする者もいないだろう。そしてもちろん、その生涯において、ヘンデルやほかの魚座の人々が、みな社会の表面上で魚座的な動きをしなければならないといういわれはまったくないのだから……。もちろん、バッハの牡羊座も同様である。西洋占星学において現われてくるのは、各個人の社会的・表面的な動きではない。個人の内面の感性のあり方を統率する形式の一種なのである。その形式は、その人間に与えられたどのような現実の上にも成立するものであって、行動を客観的に限定するものではない。西洋占星学の深さは、まさにそこにあるのだ。

蠍座の章でも述べたが、水のサインは本性的に、自分に与えられた環境の中で作品創造の感性を発散してゆく。良い意味でも悪い意味でも「芸人」である。ヘンデルに与えられた環境は華麗なもので、ショパンに与えられたものは内省的なものだった。それだけのことである。それよりも、魚座の音楽家に共通する装飾音の繊細かつ晴れやかな美しさに注目して欲しい。魚座の音楽を苦手とする人がいれば、「ちゃらちゃらしている」というかもしれない。それほどまでに、魚座の音楽は美しいのである。それに比べると、牡羊座の音楽はぐっと寡黙である。ある意味で、ずっと男性的なのである。魚座が金星（♀：美と女性の象徴）の影響の強いサインであり、牡羊座が火星（♂：力と男性の象徴）に支配されるサインだというのは、実に納得のいく事実なのである。

クラシック作曲家ではほかに、ラヴェル、ヴォルフ、J・シュトラウス一世、オネゲルらがいる。

【第三のビートルズ――ジョージ・ハリソン】

ビートルズの二大コンポーザー、ジョン・レノンとポール・マッカートニーが二人とも風のサインであり、そこからビートルズの主な個性が形成されているということは、ここで改めて言うまでもないが、では一つのアルバムに一～三曲は寄与していた最年少のジョージ・ハリソンはどうであろう。ジョージ・ハリソンは、一九四三年二月二十四日、リヴァプールに生まれた。彼はその寡黙な性質から「静かなビートル」とも呼ばれるが、これは占星学的にも一致している。ビートルズのアウトスポークンな個性は、その作曲活動の中核的存在であったレ

ジョージ・ハリソン　George Harrison

ビートルズ解散後、それまで個性を発揮しきれない感のあったジョージ・ハリスンは、バングラディッシュ・コンサートなどさまざまな活動を始める。アルバム『ジョージ・ハリソン帝国』はその最大の音楽的収穫で、一聴したところとっつきにくいが、ビートルズ時代の名曲「サムシング」を彷彿とさせる傑作揃いの名盤である。

ジョージ・ハリソン

CD写真『ジョージハリソン帝国』
（内ジャケット＝ブルーの肖像）
Extra Texture

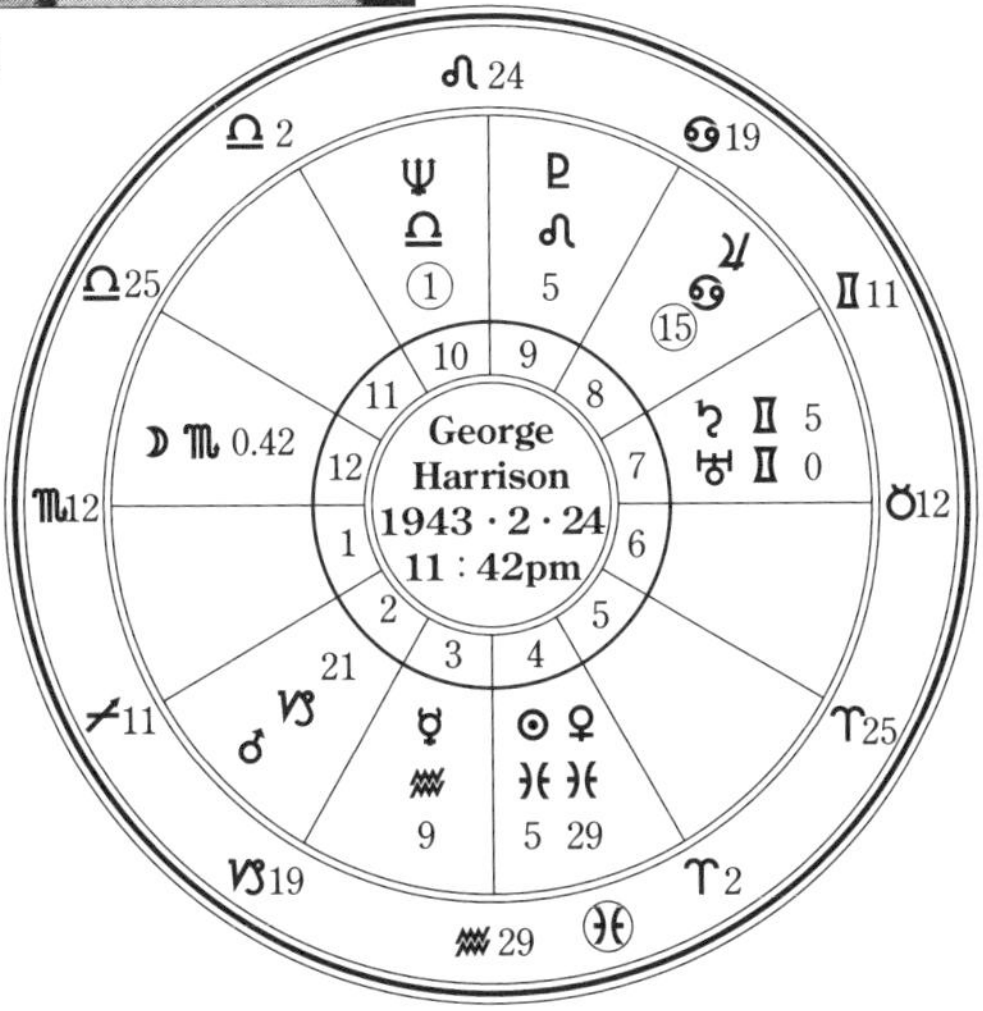

ノンとマッカートニーがいわゆる「発声サイン」である風のサインであったのに対し、作曲数の少ないハリソンとリンゴ・スターが「沈黙サイン」である水のサインであったことによって決定づけられている（もし逆に、ハリソンとスターが作曲をリードしていたなら、ビートルズは、当時のイギリスの文化のムードをさらに強く反映したものになっていただろうということは、想像に難くない。つまり、ヘンデル、ショパン、イーグルスのようにである）。

彼の作品中、ビートルズのシングルのA面となった唯一の曲が、「サムシング」だ。グループ中最大のバラッド・メーカーといえば疑いもなくマッカートニーだが、彼のバラッドの特色は、決して暗くなりきらない双子座的な個性にある。それと比べると、ハリソンの作風はずっとメロウである。「サムシング」（＝「なにか」）という曲名はもとより、「彼女のしぐさのなにかが他の誰よりも僕をひきつける……」という歌詞内容も、意識を明確に打ち出そうとするのではなく、言葉にならない情念の部分、いわゆる「ムード」で伝えようとしている点で、大変魚座的である。そしてこのメロディーは、最後のフレーズをヴォーカルで歌わずに、ギターに任せる構造になっている。彼自身がリード・ギタリストであるせいもあるが、「ホワイル・マイ・ギター・ジェントリー・ウィープス」や「ギターは泣いている」など、ギターに語らせるという形式に象徴されるように、音楽作品を、特に詩にならない部分で本質を伝えようとする性質もまた、このサインの特色である。こうした意味で、魚座が色彩的に「暗い」とは決して言えないまでも、人間の理性で割り切れない感性の部分から対象を捉えてゆく性質が強いことは、少なくとも明らかである。意識ではなく無意識、そして言葉ではなくひたすら寡黙なメロディーにひたるのが、水のサインの本質なのである。

こうした、ボーカルだけで語り切らない曲構造は、西洋占星学では特に魚座と蠍座に顕著な特徴である（同じ水のサインでも、蟹座は形式に対する感性が弱く饒舌になることが多いので除外される）。メロディーの最後の締めくくりを唄わずにインストルメンタルに任せるという性質、これは太陽魚座＋月蠍座またはその反対、つまり太陽蠍座＋月魚座の組み合わせに多い。たとえば、「サムシング」の“You know I believe and how …”の後のソフトなギターでのしめくくりなど、その典型である（それに比べると、ポール・マッカートニーなどは、同じバラッド・ソングでも「ザ・ロング・アンド・ワインディング・ロード」のように、最後の最後まで「ダダダ〜ダ〜」と歌い込んで自分の声で締めくくってしまう）。ハリソンの作品はほかにも、「サヴォイ・トラッフル」や「ヒア・カムズ・ザ・サン」「アイ・ニード・ユー」など、その過半数がこの形式を踏んでいる。

では、この魚座＝蠍座パターンを持っている日本人アーティストはいないかと探してみたところ、かなり典型的な人が見つかった。かつてかぐやひめに参加し、後に風を結成した伊勢正三である。この人は、太陽蠍座＋月魚座の組み合わせである。何といってもよく知られているのが「二十二才の別れ」だろう。歌詞の後に続くメロディーを思い出していただきたい。まったく同じ心理パターンから生まれるものだということが、よく分かっていただけるだろう。

海外の魚座のアーティストはほかに、ジェームズ・テイラー、デヴィッド・ギルモア、ブライアン・ジョーンズ、クインシー・ジョーンズ、ニール・セダカ、ランディ・マイズナー（イーグルス）、カレン・カーペンター、ライザ・ミネリらがいる。

また、ジャズ・アーティストには、次のような人たちがいる。ウエス・モンゴメリー、デクスター・ゴードン、オーネット・コールマン。

現在、海外で魚座のアーティストはそれほど多くない。

【魚座アーティスト王国、日本】

日本には、魚座のアーティストは非常に多い。

桑田佳祐、中島みゆき、竹内まりや、佐野元春、ASKA、小比類巻かほる、徳永英明、桜井和寿、織田哲郎、宇崎竜童、遊佐未森、平松愛理、DIAMOND☆YUKAI、熊谷幸子、UA、鈴里真帆、hál、杉真理、森田公一、尾崎亜美、久松史奈、日向敏文、渡瀬マキ、カヒミ・カリィ、甲本ヒロト（ブルーハーツ）、山下洋輔、坂田明。

この顔ぶれからも分かるように、非常に作曲能力が高く、しかも全体にソフトな作風が多い。日本という国は、魚座が活躍しやすい国である。単一民族・単一言語国家である日本では、風のサインのような抽象的な音楽よりも、魚座の音楽のように、具体的で作曲者の表面的な人柄と分かりやすく結びついている作品のほうが人気が出やすいのである。演歌の伝統のある日本のポピュラー音楽界では、作品のメロディーがいかにひたれるものであるか、入れ込むことができるかということが、人気の鍵となる（また、これは決して魚座の責任ではないが）。つきあい、義理、スポーツ根性主義、カラオケ、こうした没個人的な集団主義の感性が最も歓迎するのも、「個」よりも「同情」「共感」を先行させる性質の強い魚座の音楽だと言えるのである。

サザンオールスターズと聞けば、やはりまず湘南のイメージである。この話は蠍座のところで触れたとおりなので、参照していただきたい。リーダーの桑田佳祐自身は、魚座の太陽に乙女座の月を持っている。つまり、正反対の要素である。彼の言葉の巧みさと、悪趣味を恐れない才気煥発の個性は、この乙女座の個性なしには語れない。一般にこのような場合、魚座の感性が長調を、乙女座が短調を担当する傾向が強い（それほどまでに乙女座は短調好みである）。桑田の曲で、この二つの傾向がそれぞれ端的に現われている曲に、たとえば次のようなものがある。

魚　座＝「海」「ラチエン通りのシスター」「C調言葉に御用心」

乙女座＝「あきらめの夏」「われらパープー仲間」「ごめんね、チャーリー」

実際には桑田の場合、これにさらに金星の牡羊座、火星の射手座の影響が強くかかる。このように、さらにいくつかの要素を加えて、芸術家のカラーが特定されるのである。

【桑田佳祐の構造】

桑田佳祐（乙女座の影響の強い魚座）の率いるサザンオールスターズは、本人を除くメンバーがみな男性サイン、ほとんどが火のサインという構成である（原由子・関口和之・大森隆志……射手座、松田弘……牡羊座、野沢秀行……天秤座）。サザンの紅一点といえば、原坊こと原由子だが、占星学的には、女性サインという意味で、桑田こそが紅一点ということになる。桑田のホロスコープを見ると、芸術活動において内面願望を表わす金星・火星はそれぞれ牡羊座・射手座にあり、それと同じサインのメンバーがグループのメンバーであるということは、まさに桑田にとってサザンというグループが、彼のイマジネーションを具現化する媒体として絶好の条件を備えているということを示している。

桑田は、『Ｃｕｔ』誌のインタヴューで、ジョン・レノンの名作『ジョンの魂』について「あれができるとは思わないけどね、いま俺はあの涼しさとあの音像っていうのにやっぱり一番あこがれちゃうな」と発言している。ジョン・レノンといえば、水瓶座の影響の強い天秤座であり、本質的にシンプリシティと高踏的な姿勢を求めてゆくサインの組み合わせである。それに比べると、一見、時代のメッセンジャーという共通性の見られる桑田は、魚座＋乙女座というコンビネーションである。先に述べたとおり、魚座というのは世俗的・共感的な感性から作品を造ってゆく性質が強い。ある意味で、「ウケねらい」の側面が出ることもある。サザンというバンド自体、初期においてはコミック・バンド扱いされていたふしがあったようだ。むろん、これは芸術家の才能のレヴェルとは関係がない。本質的に聴き手を選ぶ音楽を造っていったレノンに比べると、桑田はずっと柔軟だとも言える。ただ、レノンの風のサインの「涼しさ」とは、大分種類が違う。桑田は本質的にメロディー・メーカーであり、和音展開や響きの美しさで人を魅了してゆくタイプなのである。

「勝手にシンドバット」が当時いかにセンセーショナルなものであったにせよ、それは保守的な日本のミュージック・シーン内における革新にすぎなかった。多少でも音楽の知識のある者なら、この曲の「ラーラララ」というメロディー自体が使い古された借り物に過ぎないことは、すぐに感じるであろう。それよりもこの曲の価値は、たとえば「〜ちょいと瞳のなかに消えたほどにー」の部分で、Ｃ—Ｄから凡庸なＥｍのしめくくりにせず、Ｃ—Ｄ—Ｇと長調へと一時的に転じるところであろう。このＧに相当する歌詞は、最後の「にー」の部分だが、桑田も意識的に音程を下げずに（当り前だが）歌っている。このように桑田の才能は、芸能界の一現象としてのインパクトとは全然別のところにあったといってよい。そして実際、人気はじわじわと上がっていったのである。いままでの魚座の影響力の強い巨匠をみても、ヘンデル、ショパン、シューベルト、ヴォルフ、ロッシーニ、ラヴェルといった具合に、音楽史というスケールで考える時、直接方法論的な変化をもたらすというよりも、音色としての音自体の持つ効果、和声の色彩感といった領域での功績が大きい。サザンも実際、第三弾シングルでバラッド調の「いとしのエリー」の大ヒットあたりから、魚座的な個性の本領を発揮し始めた感がある。アルバムとしても『バラッド』という選集を発表しているように、「ラチエン通りのシスター」、「栞《しおり》のテーマ」など、バラッドの名手であるのも魚座の特徴だ。この後、サザンは、桑田の魚座の世俗的な歌謡性と和声・音色自体の効果という二つの魅力を織り混ぜた作品を発表し続けているが、おそらく現在考えられているイメージとはまた別の形で、日本のポップス史に名を残してゆくことになるだろう。

第三章　哲学者による検証

アメリカのプラグマティズムの哲学者、ウィリアム・ジェイムズは「哲学の歴史は多分に人間の気質同士のぶつかりあいの歴史である」と言っている。ジェイムズは、ほかのさまざまな分野において人物の傾向を二分できるのと同じく、哲学者も「合理主義者」と「経験主義者」に分かれるとしている。これはユングの言うところの「柔らかい心の持ち主」と「硬い心の持ち主」という分類に対応している（芸術家の分析を中心に、かつての分類法で説得力があるのは、こうした二分割までである。つまり、ユングのタイプ論による四分割やクレッチマーの三分割では、芸術家の個性を分類することはできていない。西洋占星学では、それをまず四分割、それからさらに十二分割まで分けて、その差異を説明することができる。このことは、前章の音楽の説明で述べたとおりである）。

さて、ここで取り上げるのは、哲学者の思考形態の問題である。特にここで哲学者を例にとったのは、哲学が、その人物の周囲の文化や環境に直接しばられず、純粋に万人に共通の主題である「人間」の概念のみを、抽象的に探究する分野だからである。つまり、音楽における楽器編成や聴衆の教養、絵画におけるモデル、科学における技術といったようなものが直接必要とされず、唯一「人間」という概念を素材とする以外は、すべてを抽象的な思考に頼る分野であるということだ。そして、それは常に最も技術的な知識がいらない分野であり、またそれらが完全に個人の知性と感性の中に根を下ろしていて、そこから一つの学説を創っている。つまり、完全に思考の客観性を持ちながら、個々の研究者の気質を顕著に反映するからである。

先のジェイムズの弁を繰り返すまでもなく、哲学者を二つのグループに分けるのは、通例よく見られる方法である。表2を見ていただきたい。演繹法とは、普遍的命題から特殊命題を導き出すやり方であり、帰納法は逆に、個々の具体的事実から一般的命題や法則を引き出す方法である。顔触れをみても分かるとおり、演繹法の哲学者はみな早熟の天才肌であり、その著書は簡潔で感覚的・文学的である。それに比べ、帰納法の哲学者は全体にこつこつ型・大器晩成型で、その著書は長大・理論的で、とても一般の人では読み通せないものも多い。サインの影響は、ここでも明らかに有意である。演繹的思想家には、双子座・天秤座が多い。そして少数だが、水のサインも見られる。ところが、帰納的思想家を見ると、まず牡牛座が多い。牡牛座は、地のサイン＋定着サインという最もこつこつ型のサインである。それに続き、同じ定着サインの水瓶座、そして同じ地のサインの乙女座が続く。

【音楽と哲学の接点】

この哲学者の二分類を、先の音楽の分類と結びつけて考えてみよう。

たとえばビートルズなら、双子座のマッカートニー、天秤座のレノンを筆頭に、全員の太陽のサインは演繹的思考の側に属している。ここから、ビートルズは典型的な演繹思考のグループであったということが確認できる。彼らは、現実や状況を具体的にした歌詞を書かない。単刀直入に本質を突いた言葉を詞にし、ちょうど同じ風のサインの哲学者パスカルの「人間は考える葦である」という言葉のように、深い象徴性を取り入れることに成功したのだった。ビートルたちの訴えた「愛」という概念自体が、明らかにこの演繹法に基づいている。彼らは、最初に世界情勢を見たわけではない。「初めに言葉ありき」であり、先に主張があったのだ。レノンの平和

（表2）

	演繹法（数学的方法）			帰納法（実験的方法）	
大陸合理論	デカルト	（牡羊座）	イギリス経験論	ベーコン	（水瓶座）
	スピノザ	（射手座）		ホッブズ	（牡羊座）
	ライプニッツ＊	（双子座）		ロック	（乙女座）
	パスカル	（双子座）		ヒューム	（牡牛座）
フランス啓蒙主義	ルソー	（蟹　座）	ドイツ観念論	カント	（牡牛座）
	モンテスキュー	（山羊座）		フィヒテ	（牡牛座）
	ヴォルテール	（蠍　座）		シェリング	（水瓶座）
	ディドロ	（天秤座）		ヘーゲル	（乙女座）
実存主義の流れ	キェルケゴール	（牡牛座）	イギリス功利主義	ベンサム	（水瓶座）
	ショーペンハウエル	（魚　座）		ミル	（牡牛座）
	ニーチェ	（天秤座）		コント	（水瓶座）
	ベルグソン	（天秤座）		スペンサー	（牡牛座）
	フッサール	（牡羊座）	マルクス主義	マルクス	（牡牛座）
	ヤスパース	（魚　座）		フォイエルバッハ	（獅子座）
	ハイデッガー	（天秤座）	その後	ラッセル	（牡牛座）
	サルトル	（双子座）		ウィトゲンシュタイン	（牡牛座）
				フロイト	（牡牛座）
				フーコー	（乙女座）

＊ライプニッツには別の生年月日の文献もあり、それによると蟹座の可能性もある。
どちらの生年月日の場合でも、ここでの論の妨げにはならない。

近代哲学者
三四人中

演繹的哲学者（一六人）
一　天秤座　四人
二　双子座　四人
三　魚座・牡羊座　各二人
四　蟹座・牡牛座・蠍座・射手座　各一人

帰納的哲学者（一八人）
一　牡牛座　九人
二　水瓶座　四人
二　乙女座　三人
四　獅子座　一人
五　牡羊座　一人

運動は、現実的・実際的な力の行使を前提としていない。これは「レヴォリューション」の歌詞でも一目瞭然である。非現実的だと批判する人もいるが、モハンダス・ガンジーも同様の方法（愛と平和を訴える無抵抗主義）で目的を達成した。彼も、レノンと同じ天秤座であった。風のサインは本質的に、現実に拘泥しない性格を持っている。現実は、あくまで彼らの眼前に広がった一つの風景に過ぎない。これは彼らにとって、彼らの自我（または神）が、彼ら自身に見せている一種の象徴と解釈される。それより先に、ポリシーが存在するべきなのである。それに比べ、地のサインでは、まず現実がある。たとえば、乙女座のマイケル・ジャクソンでは、音楽はダンスであり、映像である。牡牛座のビリー・ジョエルの音楽を聴いて、ニューヨークを代表とする現代アメリカ文明を想像しない者はいないだろう。このような、ポリシーに先行する具体性が、地のサインの音楽の魅力である。こうした地のサインの要素の薄いビートルズの音楽の場合では、大分それとは違ってくる。我々は、たとえ仕事場でも、家でくつろいでいる時でも、どんな時でも、ビートルズの音楽が流れてくれば、思わず口ずさんでしまう。つまり鑑賞者は、最初に具体的に何かを想像する必要はなく、その次元から飛躍して、どのような文化や生活空間にも適応する抽象性を先につかみとる。一度その音楽を把握してしまったら、後は、我々が何をどう想像しようとも、感動は寄り添ってくる。まさに、自由な鑑賞が可能なのである。このようなシンプリシティの昇華ともいうべき特質は、たとえば「音階の作曲家」と言われた、同じ風のサインのモーツァルトなどにも見ることができる。

第二部　科学と西洋占星学

第一章　心理学との違い――西洋占星学的思考の原理

心理学と西洋占星学の決定的な違いは、西洋占星学に比べ、心理学における人間の分類は、あくまで一種の座標軸上の傾向であり、たとえばユング心理学で言うところの「内向的直観型」の人間がいたとしても、その人格が純粋に「内向的直観型」の性質に尽きるということは、ほぼあり得ないというところにある。人間の個性は「内向的―外向的」や「思考型―感情型」「感覚型―直観型」といった分類軸のどこかで揺れているものであり、それらの組み合わせによって性格が分類されている。確かに、西洋占星学においても、このような組み合わせは多数ある。たとえば、太陽と月の組み合わせだけでも、その数は一四四種類ということになる。しかし、西洋占星学の最もユニークなところは、個々の分類が包括的概念である点である。それはちょうど、人間の個性や美意識が、言葉では説明しきれないものであるのと同じである。たとえば、仮に太陽も月もその他すべてのパーツもすべて射手座の人がいても、それはその人が非常に偏った人ということにはならない。むしろ、射手座的な人はひたすら射手座的な性格を強めることで、誰からも人間として共感を得やすい、自分の感性を生かした人格となるのである。ここで非常に重要な概念が一つある。それは「形式感」というものだ。形式とは、たとえば「男―女」「親―子」といった二元的で単純なものであればあるほど強く働く。多くの芸術家が、その作品の完成度が高くなるにつれ、その形式が単純化するのはそのためである。たとえば、モーツァルトが「音階の作曲家」などと呼ばれるのは、彼の場合、自分の芸術の形式感を非常にシンプルな形で早くから取得していたからである。私たちが、たとえば誰かを好きになった時、たとえばある女性が恋人の魅力を語ろうとした時、結局「それは彼が男だから」としか言えなくなる事実も同様である。女性の側から見れば、男性の優しさも強さも弱さもすべて「男」という形式を通して感受することができるし、それによってその情報量は飛躍的に増大するのである。それが十二種類に分割されているのが西洋占星学である。だから、人は単に「射手座」を研究するというより、その研究者が牡羊座なら「牡羊座を通して見た射手座」を研究することになる。そして、それによって情報量は非常に増えるのである。あなたが芸術を、たとえばベートーヴェンを鑑賞する時、あなたの聴く彼の作品が優れたものであればあるほど射手座的であることに気がつくことだろう。そして、曲がよく分からない時などには、この射手座についての知識をガイドラインにして曲を解釈するようにすれば、まず的はずれな理解になることはないのである。だから、魚座が優しくて射手座が勇ましいなどという言い方も、本当は誤りである。十二サインにはそれぞれニュアンスの違う「優しさ」があり、それを見極めることが西洋占星学の研究である。そのため、芸術など人間の最も微妙な感性を扱う分野で際立った特性を発揮するのである。

また、さらに重要なのは、このことが観察される対象の人間だけにでなく、観察する側の人間をも分類できることである。この方法論が、人間の内面の分析という分野において、科学や心理学では手の届かない分析を可能にしている。たとえば、それらの分野においては、人間をラットかマウスのように一つの動物として観察することしかできなかった。自分も同じ人間という動物なのだから、互いの位置関係をはっきりさせなければ、「感じ方」の問題については、微妙だが重要な差が出てくる。今までの学問では、この差異は、言語や数式によって「人間の認識は共通のものである」と封じ込めることで、十把一からげにごまかしてきた。しかし西洋占星学では、たとえば会話の際に互いのサインをすでに知っていれば、話題に上がっている第三の人間について「あの人は射手座的な優しさを持っている」というだけで、非常に豊富な情報が流れるのである。というのも、西洋占星学を知っていれば、話す側も聞く側も、それぞれ自分のサインの立場から自分なりに「射手座的な優しさ」を完全に解釈できるからである。包括的な概念を持った独自の言語原理――これも今までの学問では考えられなかったことである。

心理学・科学を含めた今までのありとあらゆる学問分野で、このような包括的な概念が体系的に利用されることはかつてなかった。したがって、西洋占星学を利用する際に、この形式感という概念は非常に重要である。上記のことをまとめると、次の二つに集約できる。

◉形式感が導き出す西洋占星学の情報

(1)　一つ一つの分類の包括性（いわゆる本当の「個性」というものが分かる。たとえば、「そのサインらしければらしいほど人間的である」「十二サインそれぞれの『優しさ』がある」など）。

(2)　十二サインで全体をなすという包括性（たとえば、牡羊座の人間から見た射手座の人間と、双子座の人間から見た射手座の人間の違いを体系的に分類できるということ。こうして十二サインそれぞれの観察者から見た射手座の与える印象の違いをすべて分析することで、その人間を独自の言語体系で総合的に分析できる。また、射手座とその他の十一のサインの天空での位置・距離関係は体系的にも分かっている。こうした情報を利用して、さらに各サイン同士の距離感を分析することもできる）。

いずれの特徴も、本来、芸術の分析には欠かせないはずのものである。

また、このようなことからも、西洋占星学が、心理学やユングの『タイプ論』などとはまったく異質の情報を持った体系であることが分かるだろう。実際、ユングはその『タイプ論』の中で、「心の諸要素には個性と言えるほどのものはほとんどなく、そう言えるのはおそらくそれらの独特な唯一無二の集まり方や組み合わさり方についてだけであろう」と言っている。「心の諸要素」とはユングが分析したもの、つまりユングに見えていたものであり、「独特な唯一無二の集まり方や組み合わさり方」と言っているものが、西洋占星学の扱う分野だという言い方もできる。つまり、一個の人間が自分の行動や感性を追究していく時の形式のようなものを示しているのである。射手座であるということは、即すべての射手座の人に顕在化している性質があるというようなものでは決してない。——それは「共通点」であって、西洋占星学の明らかにする「個性」とは別のものである。「共通点」は誰にでも分かる、しばしば生理的次元の特性であり、心理学や医学のデータをとる時の基本的な方法である。「個性」は、その人間が特質を発揮した時の限界と可能性の間に存在するあり方である。私の考えるところでは、ほかのほとんどの学問は、この「個性」を明らかにすることはできない。しかし西洋占星学は、芸術に対する美意識という、人間の主観の最も煮つめられ、研ぎ澄まされたエッセンスの部分を分析することで、この「個性」を独自の視点から明らかにすることができるのである。

第二章　科学 V.S. 西洋占星学

これは、西洋占星学についての二人の人物の会話の記録である。
S氏……科学者・質問者
A氏……西洋占星学研究家・解答者

【本当の星座と占星学の星座――コンステレーションとサイン】

S：先日、アイザック・アシモフの著作を読み直したのだが、現在、あなたたちが「牡羊座」と呼んでいる位置にすでに牡羊座がないのを知っているかね。星座は言い伝えと違って、すでにずれてしまっているのだよ。ギリシア時代の星座区分は地球の歳差運動のために大幅にずれて、たとえば牡羊座に生まれたという人は、実際には魚座に生まれているのだよ。

（注：アイザック・アシモフ〈Isaac Asimov, 1920-1992〉は、アメリカのSF作家・生化学者・科学解説者。『銀河帝国』など数多くのSF作品を発表した。）

A：それは現在の西洋占星学の常識です。知らない人はいませんよ。西洋占星学では、英語でコンステレーション“constellation”と呼ばれる実際の星座自体は、何の意味も持っていません。つまり、実際の天空上の位置、春分点と秋分点、そして夏至点と冬至点を基準に十二等分したものです。この十二分割の一つ一つをサイン

“sign”と呼んでいます。

S：でも、ギリシア人はコンステレーションのほうを信仰していたのではないか。

A：言うまでもなく、当時はコンステレーションとサインが同一だった。その時の見かけのコンステレーションに十二種類の名前をつけ、神話を作ったんです。つまり、ギリシア神話の星座の話は、逆にこの二つが同一だった時代の解釈と現代の西洋占星学における解釈がかなり近いという証明になっているのです。つまり、星座の神話は象徴にすぎないのです。

S：アシモフの本では「獅子座生まれの人がほかの人よりも指導者の資質があるかどうか、本当に調べたことがあるのか」という質問をしている。

A：多分、その認識不足のプロ占い師たちは、たまたま答えられなかったのでしょうね。「獅子座生まれの人たちが、ほかの星座の人たちよりも指導力の資質を持つといえる時代があった」と言うべきでしょう。西洋占星学は、本質的に未来予知でも運命論でもない。つまり、「占い」ではないのです。人間の主観や美意識の分析なんです。実際に、その獅子座生まれの人たちが指導者になるかどうかは、直接関係ないのです。それに、獅子座生まれの人たちが本当に指導者になっているのなら、今ごろ西洋占星学は占いにもなっていませんよ。科学者や心理学者が、とっくに別の意味づけをしているでしょうから。

西洋占星学では、その人の内面が現われるのです。指導者の資質を持って生まれても、身体が虚弱で、それを達成できない人もいるでしょう。ギリシア時代には明らかに指導者に向いた資質を持っていた人格が、この二十世紀末に同じように指導者になれるはずがないじゃないですか。現代では、各占星術師がそれぞれ自分の言葉で、その違いを表現しようとしています。

S：しかし、どうして天体の動きと人間の性格がそう都合よく一致するなんてことがありうるのだろうか。十二に分かれるなどと……。

A：あなたは、西洋占星学の理論体系を批判しているのですか。それとも、人の性格を十二に分けることが不満なんですか？

S：どちらについても知りたいところだね。

A：先のほう、つまり理論体系の話はこの対談全体のテーマでもありますから、まず、後の方から先に説明しましょう。人の性格の分類については、クレッチマーだって三つにしか分類していませんね。彼の考えに基づいて、ローラッヘルという人が「哲学者には分裂気質が多い」といった結果を導き出していますが、彼らの分類は、人間の内面の研究としてはまったく使えませんね。デカルトとカントとショーペンハウアーを同じ範疇で扱うわけですからね。西洋占星学の分類は、最低でも十個の惑星と各感受点を掛け合わせて判断しますから、単に十二種類ではないのです。太陽と月の組み合わせだけでも12×12で144種類になりますから。まあ、「人間を十二種類に分けられるはずがない」なんて次元のことを言っている人は、実は自分は二種類にしか分類していないものですよ。つまり「自分に都合の良い人間」と「自分に都合の悪い人間」の二種類ですね。

【家康は山羊座？——暦を読む占星術師と読まない占星術師】

S：昔の人物の生年月日など、その当時の記録などあいまいで、後から考えられたいい加減なものが多いのではないか。

A：どうやら私は、もう一度同じような質問をしなければいけないようですね。つまり「あなたは西洋占星学の理論体系を批判しているのですか。それとも、昔の人物のことを調べる研究は当てにならないと言いたいのですか？」とね。

まず、あなたは科学関係の書物には精通しておられても、本格的な伝記作家の作品を読まれたことはないようですね。伝記作家が歴史上の人物の生年月日や暦の問題にいかに骨を折っているか、まったくご存知ないようだ。当てずっぽな批判はやめたほうがいいですよ。

ヨーロッパでは、受洗の際に教会に出生届を提出する習わしがあり、多くの場合、そこには受洗日とは別に実際の出生年月日と出生時間、そして出生場所が記してあります。中にはかなり疑わしいものもありますが、大筋のところで信用できるようです。まあ、これが信頼できないというなら、それは現代の出生届も同様に信頼できないということになりますからね。もちろん、これだけで決めつけることは、我々もしません。それから、グレゴリオ暦とユリウス暦の対照をはじめとする、さまざまな旧暦の問題もあります。確かに、いまだに文献では、これらが明確にされていない場合が多い。それを調べるのも仕事のうちですから。

S：しかしね、私が見たところ、大方の西洋占星学の関係者が、とてもあなたが今言っているような暦の知識を持っているようには、私には見えないんだな。

A：いや、まったくそれはそのとおりです。占い師であっても研究者でない人がほとんどですが、そんな人たちがいてもいいんじゃないですか。歴史的資料に関係しない限りはですがね。問題は、たとえば多くの占いの本では、徳川家康は現代の私たちの暦の十二月二十六日生まれ、または山羊座の生まれとされています。また、たいていの西洋占星学の本では、山羊座の典型的人物だとされています。一般の山羊座の説明を読むと、「苦労性で忍耐強い」などと書いてありますね。

S：確かに、あなたの今言った山羊座の特徴と徳川家康のイメージは似通っている。

A：これが実に短絡的な間違いで、家康は天文十一年（一五四二）十二月二十六日の生まれなのですが、もちろん日本の旧暦のものです。この年は閏月があり、一年は十三か月あります。現行のグレゴリオ暦に直すと、翌年二月十日の計算になります。

S：ということは、水瓶座か。

A：一般には、水瓶座は「知的で理屈っぽく、クールでアイディアマンである」とされています。

S：それはむしろ、織田信長や豊臣秀吉のイメージじゃないか。

A：まあ、表面的にはそういうことですよね。しかし、これが正しいのです。

S：家康は現代の西洋占星学の分析にそぐわないと。

A：いや、そうじゃない。むしろ逆なんです。非常に納得がいく。正直のところ、昔、最初に「家康は山羊座である」という文章を見た時、あまりに表面的にできすぎで「いいのかな……そんな簡単に言い切っちゃって……」というのが感想でした。実際、家康は信長から長男の信康を殺せと言われた時に、即座に自決を息子に求めています。当時どのような事情があったにせよ、そのようなことを山羊座の男がするだろうかというのも、大きな疑問でした。山羊座の「苦労性」は、ほかの人にとってはストレスと感じることをも、自分自身が身を挺して負ってしまう苦労性ですから、イメージが今一つ合わない。そういう話なら、クールな合理的判断のできる水瓶座のほうがイメージに合う。

S：西洋占星学の説明は、一般に認知されている人間のキャラクターの解釈と一致するものではない、と。しかし、それは詭弁に使いやすいな。

A：そうした占い師たちが、詭弁を弄《ろう》せるほどの気骨があれば、まだいいんですけれどね。

S：実際には「12／26……あっ、山羊座だ！」というレベルだろう。

A：多分、そのとおりでしょう。「12／26」と数字が並んでいたから、それで山羊座だとするのは、ちょっと情けない……。その上、表面的イメージでしか人物の個性を捉えることができないというのは、確かに何も考えていないに等しいと言われても仕方がない。「苦労性」という言葉だけを弄《もてあそ》ぶなら、十二サインにそれぞれの苦労性がありますよ。この言葉遣いのレベルは、まさにどこかの心理学者と同じ程度だ。

S：では、これから「家康は山羊座だ」と滔々《とうとう》とうたっている本があったら、疑ってみるとしよう。

A：そうでない本も疑っていいんですよ——まあ、あなたならやってるでしょうけど。

S：ところで、さっき信長の話が出たが、その信長はどうなのか。まあ、秀吉は正確な生年月日は分からないだろうけれど。

A：織田信長は天文三年（一五三四）五月十二日の生まれです。

S：本来なら牡牛座になるが、これも違うというわけだな。

A：そうなんですが、こちらが占星術関連の本に引用されることは、めったにない。牡牛座は石橋をたたいて渡るような行動様式が強いですから、このサインぐらい織田信長と違うイメージのものも、ほかにないですからね。

S：ほら、見たまえ。巷《ちまた》の占星術師がいかにいい加減に情報を取捨選択して流しているか、これでよく分かるじゃないか。

A：まったく、そのとおり。ひどいものです。

S：家康は山羊座の一般的イメージに合うから触れる、信長は牡牛座の一般的イメージに合わないから触れない……科学ではあまりに基本的なタブーの、こうしたトリックを侵して平気でいられる。そういうレヴェルなんだな。

A：まあ、ここでそんな認識レヴェルの人たちの振る舞いをどうのこうの言っても仕方がないでしょう。とにかく、織田信長は西洋占星学的には蟹座になります。

S：蟹座は……家庭と母性のサインだったな……。これも、さすがにイメージが違わないか。

A：いや、実にぴったりです。私の計算では、信長は仮にこの日付でなかったにしても、前後一、二日のうちに生まれています。

S：しかし、占星術師は蟹座が家庭的で母性的なサインだという言い方を、さんざん利用してきたじゃないか。

A：蟹座は母性的ですよ。

S：しかし、信長が母性的とは言いにくいんじゃないのか。それこそ詭弁の一種じゃないのか。

A：いや、ここでもまた、「母性的」な性質は十二サインのそれぞれにあるんですよ。まさかあなただって、「蟹座以外は母性がない」とまでは考えないでしょう。蟹座の「母性」とは、ある意味で敵味方を分けるような感じ方、身内と敵を分ける感性の現われ方だと言えば、大きな間違いはないでしょう。

S：そうすると、信長の個性に当てはまるわけだな。

A：「当てはまる」というより、人間の個性自体、安手のマンガのキャラクターみたいに単純なものではないんですから。

S：では逆に言えば、「信長は蟹座のイメージと違う」と言い切る占星術師は、信じないほうがいいんだな。

A：別に、それ以外の人も、私をも含めて疑ってくれていいんですよ。(笑)

S：ともかく、一般にいかに占星術師がいい加減であるかは、よく分かった。

A：分かった根拠になっているこちらの話も、少しは納得して下さいね。そうしないと、今度はあなたのほうの思考論理自体がいい加減だということになってしまいますよ。

【心理学との関係】

S：ある医者が、血液型が人間の性格を決定するなどということがあるはずがないと言っていたが、それは科学的にはもっともで、無理のない意見だ。血液型のような血液の微細な差異が、人間の脳に影響を与えるとは考えにくい。それについては、どう思うのか。

A：まず最初に、私が血液型研究の門外漢であることをお断りして、科学者たちの批判が論理的かどうかを述べるにとどめたいと思います。科学者が、性格イコール現在までに分かっている脳の中の働きと考えているところが、まずおかしい。さらに、それが微細な現象だからといって、性格に影響を与えていないと考えているところは、なおさらおかしい。さらに、日ごろは科学の分野で精密な研究をしている人たちが、ひとたび人間の性格の話となると、どうしてこうも非論理的になれるのか、大いに不思議ですね。

S：非論理的とは？

A：まず「性格が決定される」という言葉の意味を、単純に取り違えている。彼らはいつのまにか、人の「性格」が化学物質を投入したラットの動きさながら、みな同じように動く習性のようなものを指すと思い込んでいる。もうこうなると、運命論と同じ次元ですね。口先だけでは「人間の自由」とか「尊厳」という言葉を使っているが、人間の性格についてだって、結局、動物の習性のようなどうしようもないものだとしか捉えていない。人格の中のある一つの要素としての性格が、西洋占星学に代表される時間的概念とか血液型によって特色づけられたって、一向に差し支えがないじゃないですか。その視点・切り口から見るだけでも、無限の多面体のような人間の個性の違いは十分に分析できますから。何でも一律の基準で統制されると考えるのが無理であることくらい、量子力学の登場以降ははっきりしてきたんじゃないんですか。ある切り口から人間を精密に分析できる、別の基準がある。それ以外の部分は、科学で分析ができる。それで十分じゃないですか。科学者たち、特に脳を研究している人たちには、ぜひこのあたりの認識をきちんと勉強し直して欲しいですね。科学によって人の性格を研究すると言ってはいても、実際には人間の心理や性格を考える時の基本的なものの考え方がまったくできていないのですから……。繰り返し言っておきますが、私は血液型の門外漢です。個人的には、血液型は美意識の探究に使えないようなので、興味が湧かないのです。西洋占星学とはまったく別のものでしょう。

S：あなたは、心理学上のトリック効果が、血液型や西洋占星学やその他のオカルト的なものに関わってきているとは思わないか。

（注：心理学上のトリック効果とは、その定義が、①実はどの分類にも適応する「フリーサイズ効果」、②名前をつけられることによって、本当にその性質を帯びてくる「ラベリング効果」、③心の中に刷り込まれる「インプリンティング効果」などがある。）

A：三つのトリック効果ですか。ラベリング効果に至っては、まるでオカルトそのものですね。むしろ、こんなラベリングによる批判に安住しているのは、心理学者たちのほうじゃないですか。一般には、占星術の現場において、それらの効果は確かにあるでしょうね。こうしたことは、ちょうど医者に行った後に、理由もなく元気になるおじいちゃんと同じですね。ある種の占い師たちは、それに乗じて商売をしているのでしょう。しかし、医者だって、本当は元気なおじいちゃんからお金を取っている場合があるんじゃありませんか？　私には医者の友人もおりますから、裏話はそれなりに知ってますよ。それから、先のアシモフの話に戻りたいのですが、問題なのは、自分が科学者で正しいことを言っていると思っているアシモフが、この件についての論法を完全に間違っていることですね。彼は時代に振り回されている。要するに、彼は科学者でありながら、西洋占星学を相手にせず当時の占い師を相手にしていた。そのことのほうが問題じゃありませんか？　西洋占星学に不信感があるなら、なおさらのことですよ。

S：彼は彼で、当時の良識に従って行動したんだ。

A：つまり、普遍的な科学的・論理的精神に添って行動したんじゃないというわけですよ。確かに、彼は門外漢の立場から、当時の西洋占星術師をその分野の専門家として扱わなければならなかった。それは仕方がありませんけれど、それだけで断言するのは、やり過ぎだ。これはもちろん、ほかの科学者も同様ですね。アシモフばかりを責めるのも可哀想だ。

【西洋占星学を取り巻く状況】

S：十三星座占いというのは？

A：あれは、科学的・論理的精神の希薄な、いわゆる「商売」ですね。これは、星座区分をコンステレーションに基づいて解釈している。これでは、占う側に霊感のような、何かよほどユニークな特殊能力でもない限り、当たることはないでしょうね。実際、日本以外の地域では、十三星座占いというのは、まったく相手にされていないのですよ。まあ、日本国内で喩《たと》えたら、「十二支はもう古い、これからは十三支だ」というようなものですからね。無批判に採用するメディア側にも、問題はありますけどね。

S：なるほど、「商売」か。ところで、かつて約二百人あまりの科学者・教授・ノーベル賞受賞者が、占星術を否定する声明を出したのをご存じかね。

A：ええ、そしてカール・セーガンは、その署名を拒否した。

S：権威主義的だからという理由だね。

A：当然です。あの宣言は、かなり失笑を買いました。学者が集まったのに、論理的な証明を何もせずに、自分たちの権威に任せて宣言をしたのだから、これはひどい権威主義だ。
S：科学者たちは、自分たちの経験から主張し過ぎた。
A：それで科学者ですか。証明が発表されていないんですよ。ただ、自分たちがそう感じたというだけじゃないですか。確かに、アメリカでも日本でも、悪徳占い師は多い。でもそれは、科学データを偽造する科学者や患者の臓器を海外へ売り飛ばす医者同様、罰すればいいんです。彼らはすでに、本来の意味での科学者でも占い師でもないんですから。
S：じゃ、あなたは、雑誌やテレビの西洋占星学の占い師の中には、占い全部を当てて、万一はずれた際には責任をとっている人がいると言うのか？
A：日本人全員を十二に分けて、具体的な言葉を使っているんです。責任がとれるわけがないですよね。一種の目安みたいなものです。
S：それじゃあ、西洋占星術師は、メディア上ではあやふやなことを言う権利を持っているみたいじゃないか。つまり、「やらせ」の延長線上にあるのではないか。
A：いや、そうじゃない。マス・メディアのエンターテイメント的な性格と組み合わさると、占い師はなおさらあやふやに見えるかもしれないし、全員を当てるのはとても無理かもしれないが、彼らは少なくとも、その根拠を論理的に提示することができる。つまり、でたらめを言っているのではなく、論理的な一般論を提示しているのです。だから、ある雑誌の「今週の占い」がとてもよく当たる人もいれば、まったくはずれるという人もいる。いて当然なんです。
S：じゃ、天気予報士のようなものか。
A：メディアから未来予知を依頼されれば、そういうことになるでしょうね。実際、お昼の年配者向けの番組などで、たとえば「長生きするには毎朝ふとんの上げ下げをすることだ」とゲストの医者が言ったのを忠実に実行した人が、平均寿命より早く死んだからといって、その医者を非難する人がいるでしょうか。

S：その人は、その人の本来の寿命より長生きしたのかもしれないね。（笑）

A：それこそ詭弁でしょう。（笑）

【鍵となる芸術理解】

S：何はともあれ、主観的であいまいなものだから、どうとでも言えるんじゃないのか。

A：それがいけないんだ。どうして「主観＝あいまい」という構図を、無批判に信仰しているんですか。「主観＝確実」でもいいじゃないですか。「主観＝あいまい」と信じたいのなら、その科学的根拠を提示して欲しいですね。

S：科学的に証明できないから、だからあいまいなんじゃないか。

A：いつから、あなたのほうが詭弁家になったんですか。芸術だって、科学的に証明されていないんですよ。あなたは、ベートーヴェンの作品を科学的に証明できるんですか。それとも、今この場で「ピカソだってゴッホだって、自分の描いた一筆書きと同じだ。ただ、彼らは大衆のコンセンサスを得たが、私は得ていないだけだ」とでも言うのですか。

S：ノーベル賞学者のX教授は、芸術だって科学が進めば、どうして芸術作品が人を感動させるのか、証明できるようになるだろうと言っていた。

A：でも、今は証明されていない。だったら、否定すればいいじゃないですか。それが「主観」批判論者の論法ではなかったのではないですか。大衆のコンセンサスがまったく得られないからといって、否定せずに未来に先送りにするのは、卑怯じゃないですか。なぜ芸術はよくて、占星学はまずいんですか。東西を問わず、占星学のほうが芸術よりも体系的ですよ。それでも、あなたが占星学には食らいついて、芸術にはそうしないのは、芸術に対して、あなたは「何か分からないものがあるのでは」という不安がある。しかし、占星学に対してはそれがないからですよ。つまり、軽く見てかかっているだけなんだ。それに、そのX教授の話は別のあるメディアでもやっていましたが、ほかの科学者たちから冷笑を買っていましたよ。「専門バカだ」って言われていましたけどね。私には、むしろファシストに見えますね。科学万能主義というファシストですよ。ある程度その道を極めた科学者の方々は、はっきりと二つのタイプに分かれるようですね。一方は「科学だけでは割り切れないものがあるのだ」という人と、もう一方は「科学で割り切れないものはない。悔しかったら俺の目の前で証明してみろ」というファシスト型とにですね。

S：しかし、「科学万能主義はよくない」と人は口をそろえて言うが、もし科学がなくなったら、それこそ人間は原始人状態に逆戻りだよ。

A：いやね、この場合、原始人状態はあなたたちのほうなんですよ。科学という名の棍棒を見つけて振り回してみたら、威力があった。この棍棒がある限り、誰も私に盾突くことはできないだろう。そんな具合にね。私は、科学は意味がないと言っているのではない。科学は、人類にすばらしい貢献をしてきた。そんなことはよく分かっている。でも、その威力に心を奪われ過ぎてはいけない。もう、そんな時代は終わりにしなければいけないのです。実際、科学がこれだけ発達しても、依然として解決していないことが多過ぎる。科学や数学自身においてだって、それはすでに分かってきていることじゃないですか。とても万能なんて代物じゃない。それを万能だとするのは、原始人が棍棒を振り回して強くなったと錯覚しているのと同じですよ。科学をもってしても、原始人は原始人だった。今、あなた自身が証明してくれましたね。何か一つの有力なものを見つけて、それですべてが説明できるという発想こそが、いまだに人間が進歩していない部分じゃないですか。それに、各界の人に聞いてごらんなさい。「あなたは愛と科学とどちらを取りますか?」という質問に、「科学」と答える人はまずいないでしょうね。

S：別に「科学」と「愛」でなくたって、「占星学」と「愛」でも同じじゃないか。

A：いや、この喩えは、科学には人間個々の主観が含まれていない（愛には含まれている）ということを示すために使ったのです。西洋占星学は、個々の人間特有の美意識を説明できます。「愛」がすべて説明できると言ってはあまりにおこがましいにしても、西洋占星学なりのやり方で「どのような形の愛か」は説明できます。

S：あなたはさっき、占星学は体系的だと言ったが、それならば占星学は主観ではないのではないか。

A：やれやれ、主観は体系的でないという固定観念から、まだ抜け出せないのですか。まあ、確かに今までになかったものですからね。それが西洋占星学の画期的な点でしょう。自然の計測値をもとにしていながら、人間の個々の主観の問題を扱えるのです。

S：それなら、すでに心理学があるじゃないか。人間の心理を、まっとうなやり方で研究している人だっているんだ。

A：私は「個々の主観」と言っているのです。ストレスが溜まると汗が出るとか、集合無意識とかを問題にしているのではありません。心理学者たちが自ら言っているように「心理学は質的な心を量的に表わそうとする戦い」です。彼らが問題にしているこの「量」というものは「種族全体に共通の主観」であって、それが個々の人間の間でどう違っているかという「個々の主観」ではないのです。だから、心理学は完全に科学の分野に属します。その点では、哲学からもかなり遠い。心理学者はとかく「こころ」「意識」といった言葉を無分別に使うけれど、私に言わせれば、彼らの言っている「意識」は「神経意識」であって、少なくとも「美意識」ではない。

【西洋占星学はユング心理学とは直結しない】

S：心理学といえば、最近、おもしろい本を見つけてね。西洋占星学をユング心理学で解説してあるんだが、これは西洋占星学にとっては多少の前進につながるのではないか。

A：やってみることが無駄だとは言いませんがね。西洋占星学は、既成の学問の一分野によって証明されるほど小さな分野ではありません。使われる概念も言語も、まったく別のものだと言っていいですからね。心理学と結びつけるのは本当に結構なことだけれど、にわか占星術師が、それだけを売り物に「いい子ちゃん」になって、したり顔で既成の学問風に語るのは勘弁して欲しいですね。それは西洋占星学に失礼というものですし、結果的に自説を身売りしていることにもなりかねないんですよ。大体、自分の研究分野への自信というものが欠如している。

S：心理学はすでに学問的に認められている分野なのだから、西洋占星学にとって有利な話だと思われるが……。それに欧米の占星術師でも、心理学との関係を調べている人は多いじゃないか。

A：多いでしょうね。ほかに手段が見つからないんでしょう。だから、心理学にこだわってみるんです。とにかく、このやり方は試みとしては非常に有意義だけれど、現在までの成果を見たところ、限界を感じます。使えませんね。

S：集合無意識との関係などは、面白そうだけれどね。

A：でもそれなら、必ずしも西洋占星学でなくてもいいんですよ。たとえば、フロイトはよく文学作品を例にとって論じましたが、それは文学の内部のストーリーの話であって、文学作品の創作の美意識の話ではありませんでした。ストーリーだけを取り上げるなら、映画でもテレビ・ドラマでも構わないんじゃないですか。つまり、フロイトの場合、人間の「神経意識」には関心が高くても、人間の「美意識」の分類に対する認識には、その程度だったということですよ。ユングはフロイトと対立した部分が多かった人だけれども、それでも美意識の分析という点では大同小異ですよ。何も西洋占星学でなくてもいい。

S：では、これからはユング心理学とのつながりを主張する占星学は疑ってみよう。

A：試みとしてトライしている人や、「どうも違う」と思いつつも、なりゆき上、言及している人も多くいますから、お手柔らかに。占星術師だって、模索する権利はあるのですから。

S：それも「ビジネス」かい。

A：もし、それがビジネスだと言うなら、こんな実例はどうでしょう。大学の歴史学者の中には、占星学の歴史を研究している人はいます。彼らは、西洋占星学が古代バビロニアのカルデア人たちの研究から始まったのではないかとか、そのような史実の詳細には通じています。しかし、西洋占星学の体系の実質の部分については、見事に何も分からない。彼ら自身が、自分たちのことを「迷信研究者」だと思っている。そして、西洋占星学関係の本や雑誌に、大学の名前を掲げて一筆書くことは多くある。

S：彼らがきちんと調査に基づいた研究をしているのなら、それはそれでよいのではないか。

A：そのとおり。いいんじゃないでしょうか。彼らはその一生の研究時間の多くを、占星学に費やしている。しかし、そのまさに目の前にある大きな真理には、まったく気がつかずに終わっている。それに対し、ユング心理学と西洋占星学を結びつけようとしている人たちは、少なくとも何かしら感づいてはいる。「何かがある」とまで踏み込んでいる点で、遙かに前向きな研究だと思いますね。その上、歴史学者たちは、自分たちの研究の素材を迷信だと公言してはばからない。

S：だから、それはあってもいい研究態度ではないのか。

A：それでは、あまりに研究者としての才覚に欠けているのではないですか。いや、欠けているというよりも、態度が不まじめですよ。現場を見ないで事件を解決しようとする刑事のようなものじゃないですか。それに、彼らは本や論文を書いている。そこには「内容に触れずに事実関係をまとめただけで、それ以上の価値はありません」とは書いていないのですよ。そういう人たちが権威になっていいかという問題です。ちょうど、心理学者がよく出す「女の口説き方はこれだ！」というような本と同じですよ。そんな本を出してますと言ったところで、異性の気持ちを露ほども動かせることにはならないのですから。

S：確かに、彼らの中で誰も女性を口説ける者はいない。（笑）

【統計的方法について】

S：あなたは多くの芸術家のデータを持っているようだが、これはどういう選択の仕方をしているのか。統計学は、多くの学問においてデータ解析のために重要視されているが、占星学の統計と、たとえば物理学の数値統計などでは、かなり事情が違ってくるのではないか。芸術の才能は数値化できないものだろうし、無作為に選ぶといっても、選択者個人の好みをゼロにすることもできない。また、芸術家の中にはまったく才能がない人もいれば、プロでなくとも多少の優れた作品を残した人もいる。その線引きは非常に難しいだろう。科学の測定データを調べる時は、その時の測定条件についても述べなければならない。誤差の取り扱いもいろいろあるわけだし。こうした点が、おそらく科学の方法論というか価値観と根本的に違うところなのではないだろうか。

A：観測者個人の裁量が入ってしまうことは、科学の分野でも同じですね。その上、量子力学などが絡むと、観測した時点で、それはもう別のものになってしまう。

S：不確定性原理のことだな。

A：西洋占星学は、対人レベルで起きる不確定性原理ですよ。

S：それは、また……。

A：もちろん、暴言ですよ（笑）。話がちょっと逸《そ》れましたね。芸術家の才能は切り口さえ明確にすれば、数値化はできるでしょう。まさか、「モーツァルトよりもこの私のほうが才能がある」なんて言う人は、めったにいないでしょう。このことと、表わされた数値自体が絶対的なものだと考えることとはまったく別のことで、数値自体が絶対であるとは考えなくても、数値化することは十分できます。

S：その数値化はあいまいではないのか。

A：魑魅《ちみ》魍魎《もうりょう》の人間界を数値化しても、それらはすべてあいまいですよ。数値を絶対視する――つまり、数値化できたのだから、数値化される前のデータも、もともと正確に区分けされて存在していると仮定するのは、物理や数学の一部の専門家だけの価値観ですよ。それはちょうど、「すべての概念はラテン語で定義できる」と言うようなものですよ。

S：いや、明白でありさえすれば、相対的でもいいのだが。

A：数値化できますよ。また、「個人の好みをゼロにできない」という件については、この言明の意味合い自体が、「主観的なものは個人の視点によってそれぞれ違うのだから、統一することはできない」という誤った前提のもとに成り立っています。芸術批評に最も重要なのは、芸術作品の価値判断から個人的感情移入を取り去って、普遍的な一個の存在として「抽象的に」鑑賞することです。これは、個人の好みを限りなくゼロに近づけます。芸術批評の鉄則ですが、一般的に批評家はそこまで煮つめずにやりすごしているのも、また実情です。――つまり、批評ではなくてエッセーですね。こうしたゼロになりきらない部分については、確かに視点・立場を明示すればいいでしょう。

S：それは、科学の実験の「測定条件」と同じ意味合いなのか。

A：一般の科学の無邪気な実験とは、ちょっと違うでしょうね。それらは普通、再現性を前提としていますが、芸術批評では必ずしもそれを目指してはいない。つまり、非常に具体的な視点・立場を明示した「意味ある観測例」なのです。

S：科学だって、最先端の分野などでは、再現性を必ずしも求めてはいない。

A：知っています。宇宙論も進化論も、そうでなくてはもうやっていけませんよね。

S：先の質問への追加になるのだが、つまり統計をとる時の母集団の取り方はどうなっているのか。

A：芸術家集団は、作為なしに選ぶことができません。近代以降の芸術作品の存在自体が無作為なものではないのですから（つまり芸術作品を作ろうとして作り、しかも本人がいくらそれを芸術だと主張しても、周囲がそれを認めないというケースは多々あるという意味ですが）、無作為に選ぶこと自体に意味はなく、むしろ非常に意識的に吟味するしかないわけです。そうしないと、結局、世間で騒がれている順に、芸術の人気ヒット・ランキングをつけることになるのが落ちですから。

S：誤差の取り方も難しいだろうね。

A：まったくそのとおりで、私のような占星学研究者が最も時間を割くのは、データ対象になりうる芸術家の選出――つまり、母集団の決定でした。これだけのために、大学ノートで約十八冊分になりましたよ。たとえば、クラシック音楽ではプッチーニは人気がありますが、芸術的な価値は非常に低い。しかし、同様に人気の高いチャイコフスキーだと、同じように多少質は低くても捨ててはおけないものも中にはある。また、美術ならピカソはその作品群は玉石混交で、くだらないものも凄いものもある。結果として、ピカソの評価は高いですが、ダリとなるとこちらは普遍的な価値は非常に低い。もちろん、プッチーニ、チャイコフスキー、ダリを鑑賞しているからといって、それが個人の鑑賞において意味がないということには決してならないのだけれど、もし「好きな芸術家は誰ですか？」と聞かれてこの三人を中心に挙げる人がいたら、それではとても普遍的な美意識に触れている人だとは考えにくいし、芸術批評は任せられないでしょう。こうした芸術家たちの名前は、批評家仲間ではよい試金石になっています。

S：ビートルズといえば「イエスタデイ」というようなものかな。

A：そのとおりです。

S：でもこれでは、一定の条件でデータをとって母集団を決定するのは、ある意味で不可能に近いな。まあ、それは科学だって似たようなものだと、また言われるかもしれないが。

A：私は一番最初は、各種の百科事典における見出しと本文の行数からの算出という、非常にアメリカ的なやり方を取ってみたのですが、百科事典の記述にあまりに間違いが多いので、これではとても見出し選出の判断自体も当てにならないという結論に至りました。

S：百科事典というのは、ある意味でディケード（十年）単位の新聞か週刊誌みたいなものだからね。

A：ほかにすがる資料が少ないこと自体、人類の知的遺産の貧困の象徴ですね。そこで結局のところ、数十冊の芸術関係の本を自分の鑑賞の体験と組み合わせ、自分が芸術作品の事典の編者になったつもりで、一冊のデータ・ブックを作りました。これに大変時間がかかったわけです。結局のところ、美意識にかかわる素材を扱う時は、調査者である自分自身の美意識しか最終的には頼るものがなく、また自分自身の美意識の精確さを信じうるだけの自負が必要ということになります。こうして、一人一人の研究者が膨大なデータ集めを一からやっているというのなら、それぞれのデータの切り口は具体的には設定されてゆきます。

S：それが、あなたが先ほど言っていた「意味ある観測例」ということだね。

A：そういうことです。

S：しかし、それは審美眼のない人物がやみくもに行うこともありうるんじゃないか。

A：それがまた、ほかの人文系分野での大家だったりすると、やっかいなことになる。

S：情報処理の技術は持っているだろうし、何と言っても権威がある。

A：ヘーゲルなどがその類だということに、もうちょっとみんな気がついたほうがいいと思いますけれどね。

S：それは大変な挑戦状だね。

A：いや、知っている人たちにとっては、実に当たり前の話で。(笑)

【西洋占星学は惑星間の引力関係か】

S：我々科学者は、それがなぜ起きるのかという根拠が知りたいだけなんだ。じゃあ、なぜそんなことが起きるんだ。性格を決めているものが惑星の動きだなんて、そんなことがありうるのか。惑星の引力なのか、それは。重力的観点からすれば、生まれてきた赤ん坊にとって、遠いかなたの冥王星などよりも、たまたま近くに体重六〇キロの助産婦が一人多く立っていたという現実のほうが、よほど重力的な影響力があるんだ。

A：私は惑星の引力だとは思いませんね。まあ、太陽や月は当然影響しているかもしれませんが、それはプラス・アルファ的な性質でしょう。私たちは、太陽系という一つの時間系の中で生まれている。その系のカレンダーだと思ってくれればいいと思います。

S：でも、それは規則的に続く時間というよりも、黄道上の惑星の位置に関係しているのだろう？

A：そうです。時間が十進法か六十進法で規則正しく変化するなんて、誰か決めたんですか？

S：惑星の軌道がどうして人間の性格に影響を与えるのか、私には分からんね。

A：私にも分かりませんね。それは科学の分野の問題でしょう。それこそ科学者だったら、これだけの文化的な測定結果が出てるんですから、なぜそうなるのか、調べてみたらどうなんですか。

S：「文化的な測定結果」とは？

A：この二世紀間に積み上げてきた芸術への信頼ですよ。科学で証明されてないものがあるじゃないですか。

S：じゃ、やはりあなたにも分からない……。

A：現在までの科学的根拠としては分かりませんね。ただ、今までの科学は、あまりに人間の五官に頼り過ぎてきた。

S：五官だって！　五官に頼ってるのは、あなたたちのほうじゃないか。あなたは赤外線やレントゲンを使ったこともないじゃないか。

A：また、梶棒を振り回すんですか。赤外線もレントゲンも、人間の五官で証明されたものから発達してきたんですよ。私たちが作り上げている論理体系の大半が、我々の五官の感じ方が全員共通であるところから始まっているんです。その五感を単位に理論を作る。上とか下という感じ方だって、もとはと言えば、たとえば視覚から生じているんですよ。味覚に上下がありますか？——まあ、「ある」という学説もありますけれど、それはさておいて——結局、科学における「根拠」とか「理由」というものだって、人間の感じ方が同一であるというところから始まっているんですよ。人間の作り上げた遺産の中で、それをしていないのは芸術作品だけです。その証拠に、「認識できないほかの宇宙は存在していないのと同じだ」という言い方は、科学者たちだってしてきたじゃないですか。

西洋占星学から分かるのは、まず一つには、人間のさまざまな感じ方は一定の分類（たとえば十二種類）が可能だということ。本来それらは、今までの人類の五感へのコンセンサス的な概念ではとても分類できなかったものだ。なぜなら、観察者側の感じ方がそれぞれ違っているのだから。それを、まず西洋占星学では明らかにする。たとえば、あなたが牡羊座だとか、乙女座の性質が強いとかということは言えるわけです。では、その乙女座の性格の強いあなたが、射手座の人物をどう見るか、それを分析しているわけです。だからそれは、今までの科学のような五感のコンセンサス先行の学問体系では、とても分からない。そこには、人間の共通の感じ方が客観的だという幻想があるからです。そういう学問は、今までよく役に立ってきたけれど、世の中の学問はそれだけでなくたっていい。科学者のやっている批判は、時として、「犬と猿には共通して感じているものがないのだから、そこには何も存在していないのだ」と言っているようなものです。たとえば「犬には魚が黒に見えた。猿には赤く見えた。だから、主観はあいまいで、魚というものは存在していない」とは言えないのですよ。ただ、犬と猿にとっては、魚について共通の色彩がなかった。西洋占星学では、犬の立場からの見え方と、猿の立場からの見え方を考えてみようということなのです。人間と人間の間の主観的な感じ方の表面的な相違は、犬と猿どころの差ではないですからね。そこから芸術が生まれてきたのですよ。いいですか。私は第六感とか、そういう話をしているのではない。ただ、本当に人間の五感を分析したければ、科学も文学も含めて、今までの人間の五感に頼ってきた体系では、分析に限界が出るのは当然じゃないですか。外部から分析できないのですから。その五感以外の体系で、人間がかろうじて考えることができるのが、時間の体系だという考え方なわけです。その上、この西洋占星学の体系の根拠全体を考えようとするのに、今までの科学で分かるわけがない。科学は芸術のことだって分からないんですから。そして「いつか解明される」なんて無責任なことを平気で言う。西洋占星学は一種の時間論ですよ。

S：あなたの言っていることは、みんな仮説だ。そういう考え方ができるというだけじゃないか。

A：芸術の理解に興味がない人にとってはそうなのでしょう。でも、私にとっては証明が取れている。芸術というものの論理的な意味づけを、もうちょっと真剣に考えたほうがいいんじゃないですか。科学者は生物学に対する態度で、もう少し自己反省をしたほうがいいと思います。ＤＮＡの発見まで、生物学は理論科学というより単なる観察結果のように蔑《さげす》まれていた面があるでしょう。ところが、ＤＮＡの発見によって急に沸き立った。生物の進化や遺伝の不思議さが、初めて理論的に解明され始めたからです。でも、依然として進化の謎は深まるばかりだし、今やダーウィニズムなど、ほとんど幼稚な推理のレベルに堕してしまった。それでも科学で、なぜツバメが夏になると正確に古巣に飛んでくるのか、どうしてそんな習性を持つに至ったのかを説明ができる人はいないんですよ。西洋占星学だって、ある意味では、この場合の生物学と立場は同じなんです。ただ、事態はずっと複雑だ。生物学では、自分たち人間以外の動物を観察すればよかったのだから、人類共通のコンセンサス的な五感で十分勝負できた。ところが、人間が人間を見る時には、そうはいかない。だから、科学者は「そんなものはあり得ない」とした。とんだ茶番ですよ。

S：それからもう一つ、だいたい出生の瞬間よりも、受精卵が最初に細胞分裂を起こした時の方が、よほど人間にとって意味があるんじゃないのか。

A：じゃ、それを調べてみればいいじゃないですか。何か面白いデータが得られるかもしれませんよ。

S：いや、それは不可能だ。

A：データが取れないんじゃ、学問になりませんね。あなたの言っていることは、私が一所懸命に飛行機を造ろうとしている時に「そんなものはあり得ない。だったら、ドラえもんの『どこでもドア』のほうが、ずっといいじゃないか」と言ってるようなものですよ。それからもう一つ、生まれた瞬間というのは、その時点で個体が自分自身の時間を持ったという点では意味があるんです。それこそ固有のものですからね。時間が発生した時に生命が始まるという考え方は、科学者もするじゃないですか。

S：それにしても、なぜ占星術師は、そんなに自分の主観に確信が持てるんだ？

A：いや、実際には多くの占星術師は持っていないと思いますよ。きれいに言えば、芸術家が自分の芸術作品に自信を持ち切れないのと似てるんですけど。人間は何も科学のような百パーセントの論理的な批判の上に立って、正しいか間違っているかの判断を下すわけじゃありませんから。あなただって、異性と付き合う時に、そんな論理的な批判眼は、あまり役に立たないことは知っているでしょう。

S：じゃあ、占星術師は、自分の芸術の発表の際や異性の前に出た時のように、多少の不安を持ちつつも、全体としては確信を持っているという状態なわけだ。

A：多くの方の場合、そうでしょうね。

S：ではそれは、科学的精神から言うと、かなり不安定で変わりやすい状態だね。

A：そうですよ。本当にそうです。だから、私の個人的な視点では、芸術作品において良いものと悪いものを判別できない人が、西洋占星学に自信を持てるということが想像がつかない。

S：あなた自身は別だというわけだ。

A：いや、ほかの方たちは、人それぞれ動かしがたい人生の実感とか、特殊で強力な第六感とかによって確信を得ているんでしょうけれど、一般的には、百人の人全員から「あなたの占星学は外れてる」と言われたら、やっぱり不安になる人もいるんじゃないかな。

S：あなたは「ならない」と。

A：なりません。というか、なれないですよ。どうしてなりようがあるんですか。今、好きなベートーヴェンの作品を聴いて感動していたとします。それを百人の人から「ベートーヴェンなんかつまらない」と言われた。それであっさり「ベートーヴェンはつまらない」と思えるんですか？　そう思えるのなら、そんなものは芸術鑑賞眼でも自分の判断でもありませんよ。

【逆から聴いたモーツァルト】

S：X教授の発言は別にしても、私だって芸術が科学的に証明される可能性はありうると思う。それこそ、それをあなたが否定する根拠はないはずだ。

A：まさに、あってもいいんじゃないでしょうかね。科学的に証明されたって関係ない。じゃ、その芸術の構造を証明した科学理論があったとして、それが西洋占星学とイコールである可能性だってあるわけですね。

S：それこそ、あったって関係ない。偶然の一致ということもあるからね。

A：ま、そうでしょうね。でも、都合のいいところで「偶然の一致」になるんですね。

S：芸術と科学の関連性は、少しずつだが解明されつつある。たとえば、小さな例だが「1／fのゆらぎ」というのを知っているか。

A：音楽や絵画などが、自然現象と同じように、ゆらぎを持っているというあれですね。面白いんじゃないですか。一つの試みとしては。

S：宇宙自体がカオス的な「ゆらぎ」から生まれたように、芸術の美もまたそこから生まれたのかもしれないというのは、まだ擬似科学的な仮説だが、一つの「美」を取り扱っている点では共通している。

A：そうですね。ちょっと科学者独特のロマンチシズムが先行してますけれどね。生物の死や、煮えたぎるマグマや、どこかの惑星の乾ききった風景までも「美」と言わないなら、まさに自然の美しいところだけを自分たちの好きなように取り上げているだけですし、自然や科学や数学が美しいというのは本当だと思いますが、その「美しい」という意味は、芸術作品における美意識などとは違うところが多い。だって、それを言い始めたら、一流コックは「料理は美しい」と言うだろうし、下水配管処理業者も「下水管は美しい」と言うかもしれませんよ。

S：しかし、常に六角形になる雪の結晶が美しいように、幾何学的な美が人間の美意識とつながっている例はたくさんあるのではないか。

A：まったくそのとおり。ただね、その場合も、雪の結晶の美が先にあるのか、鑑賞者の我々の美意識が先にあるのか、ちょっと断定できないのですよ。

S：ちょっと難しい話になってきたね。私自身は話を続けたいが、この対談の論旨から逸《そ》れてしまいそうだから、その続きはいずれまたやろうじゃないか。

A：まったく同感ですね。ところで、1／fのゆらぎと芸術の本質的な関係の話に戻ると、これは実はちょっと無理があります。なぜなら、この1／fのゆらぎは可逆的なんですよね。

S：そうだ。可逆的だ。

A：ということは、モーツァルトの音楽をテープにとって逆方向からかけても、f／1のゆらぎは生じることになる。あなたは、モーツァルトを逆方向からかけて感動できますか。

【遺伝子技術・複雑系との関係】

S：現在、遺伝子操作によるクローニング技術が日進月歩だが、実現させるか否かは別として、この技術を使って、幼児期の成育の環境さえ同様に整えば、モーツァルトの複製に等しい存在だって造ることができる。それについてどう思うか。

Ａ：「人類」の複製はできても、個々の「人格」の複製は不可能です。なぜなら、モーツァルトの音楽の個性は、出生時間から作ったホロスコープによって明らかだからです。だから、仮にモーツァルトと同じ姿形の人間が造られ、しかもその人間にモーツァルト家伝来の音楽の才能が現われたとしても、彼が私たちの知っているモーツァルトの音楽を書くことはあり得ないでしょう。同じ惑星の位置で生まれることは、ほとんど不可能ですからね。モーツァルトの音楽は、ほかに比べようもないくらい、太陽水瓶座＋月射手座の性質を示しています。

Ｓ：それは、モーツァルトの星の配置のことか。なるほど。

Ａ：人間が科学を通して、人間をラットやマウスやコンピューターの人工生命のレヴェルで扱う限りは、それ相応のレヴェルの結果しか期待できないんですよ。物理学一般が、まだまだ時間の問題に対して認識が甘いことは、あなたもご存知でしょう。クローニングによって同じものを違う時間に発生させて同じものができるという幻想は、時間を直接見ることができない人間の浅知恵でしょう。物理学の基礎方程式には、過去と未来の区別はない。時間軸に不可逆的だと科学者が認識しているのは、熱力学第二法則ぐらいのものだ。

Ｓ：だから、今の物理学では、その周辺が問題になっている。

Ａ：しかも、これは一種の経験法則でしょう？

Ｓ：確かに、理論というより実験から分かった法則だ。

Ａ：こんな風に、時間の話になると、科学は突然あいまいになってくる。時間への研究が遅れているんです。

（注：熱力学第二法則は、「自然界には不可逆変化が存在する」と主張する法則。一般に知られる可逆的物理法則とは異なり、仕事が熱に変わるという現象は、変化後、ほかに何の変化も残さないならば、不可逆〈起こったことはもと

に戻せない〉であるという法則。これは秩序から無秩序へ至る変化でもあり、「エントロピーの増大」という言い方でも表わせる。エントロピーは、無秩序の度合を表わす用語。）

S：しかし、一般に自然界が熱力学第二法則のエントロピー増大の法則に支配されていると思われる一方で、複雑適応系において自己組織化する生命誕生の原理が注目されている。これについて、西洋占星学は比較的応用しやすいのではないか。

（注：「複雑系」（complex system）とは、各要素は各々の振る舞いをしているのに、その系全体としてはある別の振る舞いをする現象のこと。「複雑適応系」〈complex adaptive system〉は、複雑系の中でも、特に生命の進化に関する分野である。また、その背後には「自己組織化」〈self-orgnization〉という概念がある。これは、雪が自ら六角形の結晶となるように、自然が秩序だったものを自ら作り上げてしまう現象のこと。「壊れたものはもとには戻らない」熱力学第二法則と対照され、注目されている。生命体の発生と維持もまた、その典型の一つである。）

A：まさにそのとおり。自己組織化――それが生命体であればなおさらですが、それこそが最もダイナミックに個体独自の時間の発生と推移を確認できる分野ですから、物理的に同じ条件下の自己組織化を細部にわたって検討していけば、必ず西洋占星学に到達します。エントロピー増大の方向性を持つこの世界の中で、自己組織化が生まれる時、その時の一つの重要な条件になるのが、実は時間の影響です。西洋占星学は、自己組織化に関する物理学的観測の際に、その時間的根拠として有効な手段となるでしょう。しかも、それは人間の美意識の中において最も明確に確認されている。もちろん、いつの日かほかの分野――たとえばミョウバンの結晶化など、実験して確認をしやすい平衡系の中での現象でも、西洋占星学的測定基準が確認されるのかもしれないですが、今のところは、人間の美意識という、科学者が最も不得手とする分野で起きています。これは、一般に科学で言われる場合とは少し違った意味でのミクロの世界で起きているのだと言えるでしょう。

Ｓ：それはそれは、大変な仮説だ。私はその真偽よりも、その仮説を言い切るあなたの大胆さに敬服するよ。これは、あながち皮肉ばかりというのでもないんだ。

Ａ：でも、それも私が外部の人間だからですよ。あなたの大学の研究生が言おうものなら、それだけで即刻追放でしょうね。まあ、とにかく、科学者の方々に人間の美意識に対する研究をもっと深めてもらう必要があります。とてもじゃないけれど、現在の一般の科学者の人文系学問への認識レヴェルでは、この問題を認識することすらできないでしょう。――何せ、彼らの多くがいまだに「芸術に特定の確かなものは本当にあるんですか」なんて聞いてくるんですから。このために、科学は大変な回り道をするかもしれません。

Ｓ：まさに「複雑系のすすめ」だね。

Ａ：人間の美意識自体に注視し、それがどのような複雑系であるかを正確に認識すればの話ですけれどね。何も、人と人とのぶつかりあいから生じるその人の生き方のようなものまで、ここでわざわざ複雑系扱いする必要もないと思いますから。

Ｓ：それは、ちょっと運命論の色彩を帯びそうな点でも厄介だ。

Ａ：そうですね。それはほかの人に悩んでもらうことにして……。しかし、経済学などにはすでに応用が進んでいますね。本当に有効な解答が出ているかどうかは別にしても。

Ｓ：個々の人間に関しては、まずこうした人間社会のようなマクロ的分野から応用される動きがある。

Ａ：そう、科学以外の分野では、複雑系は主にマクロ的な分野にしか応用されていない。これが問題です。先ほども触れたように、西洋占星学が扱う美意識の問題は、人文学の最もミクロ的分野だという言い方をしても差し支えはないでしょう。

Ｓ：人間の社会における物的な動きではなく、精神内部の微妙な動きという意味でだね。

A：実際、人間の精神について一般に科学者が扱っていることとは、実は皆マクロとは言わないまでも、少なくともミクロ的ではないですよ。私の知る限り、どんな複雑系の資料を見ても、人間の精神の動きについては、実に大ざっぱなことしかテーマにしていない。

S：科学者は、人間の精神自体に対しては門外漢だ。

A：「門外漢なのに」と言うべきか「門外漢だからこそ」と言うべきか分からないけれど、自分たちの科学的基準で裁けない精神の動きについては、ほとんど無視しているわけです。

S：しかし、それは文学の論文ような分野でも同じではないか。

A：そうですね。文学の論文は、論証ということについて、しばしば不思議な価値観を持っています。論証を声高に叫ぶが、見えない美意識は避けようとする。（笑）

S：では、あなたは自然科学の方法論ばかりを問題にしているわけではないのだね。

A：もちろん違います。ところで、複雑系の科学では、複雑さの結果として新しい状態が生まれることを「カオスの縁《ふち》」で現われる現象としていますね。ここで私が言う人間の美意識のあり方は、まさにこのカオスの縁にある「創発」に当たります。人間の美意識が絶え間ない創発の原理と関係し、それにひとつの形式を与えている時間的尺度が西洋占星学だと考えれば、間違いがないでしょう。

（注：創発とは、数学的規則性だけでは説明しきれない複雑系から、さらにまったく新しいものが生まれ出ること。）

S：あなたの言っている「美意識」とは、一般に使われている「美」の「意識」という意味とは少し違うようだが。

A：違うことになるでしょうね。先ほど心理学における「意識」というものは、私の占星学流に言えば「神経意識」にすぎないと言いましたが、まさにその対極にあるもの、誰の目にでも共通の現象として現われるものではなく、まさにカオスの縁《ふち》に現われる、新しく独自的に、しかし一定のあるべき姿を持って現われるもの、それが「美意識」だと思って下さればいいでしょう。複雑系というのは、もちろん単なる混乱状態ではないのですから、その背後にある一定の法則が、この場合は西洋占星学に当たるわけです。

S：西洋占星学は複雑系にも大きく関与できる、と。

A：そうでしょうね。

S：一応の確認だが、あなたの言っているのは、たとえば音楽で言えば、対位法などの作曲技術に相当するものとは違うのだね。

A：それはまったく違います。その証拠に、対位法は音楽大学で学べますから。それは創発とは関係ありません。対位法は、むしろ今までの物理学などに相当することになりますね。ちょっと乱暴な言い方ですが。一方、美意識はいまだに明確な形式は一つも解明されていない。それはそうです。美意識は、芸術作品の物質的な側面や、他者と共通に具体的に認知される側面からは、最も遠いところにあるものですから。それを、科学はやむを得ず無視してきました。

S：まさに、やむを得なかったんだ。ここまで至るには。

A：そう思いますよ。

S：そして、あなたは言う。科学者を含めた一般の人々は、あなたが「美意識」と呼んでいるものへの認識が欠けていると。

A：そういうことですね。美意識とは、非常に演繹的直観的な思考活動ですから、本当は生命活動の中に潜む美意識こそが、人間の一人一人を個性的なものにしていると考えても差し支えないのです。そして、その美意識の強さ故に、人間の個別性、つまり各々の個性の違いの度合といったものが、ほかの動物の場合よりもずっと開いているのだとするならば、「創発」というすでに知られた概念は、まさに人類を頂点として後に続くその他すべての生き物たち一つ一つも個性的であるだろうという仮説、そして人類には直接見えていないまでも、彼ら一つ一つにも内面に独自の意識が存在しうるだろうという仮説に、直接関係していることになります。西洋占星学は、芸術の分析に応用できることから明白なように、この生命における「創発」の一つのあり方に迫ることができる画期的な分類技法なのです。もちろん、これは芸術への審美眼でなくてもいい。なぜ私たちは生命をいとおしいと感じるのか、どうして「正義」と「悪」が存在すると思うのか、こうしたことも範疇に含まれるでしょう。

S：さしずめ、人文学と自然科学の統合になるわけかね。

A：そのくらいのつもりがなければ、こんなに声高に叫びませんよ。

S：あなたの考えは、いわば「美意識至上主義」かな。

A：とんでもない。科学全体から見れば、実にささやかな提案ですよ。抽象的な話にすると、ちょっと大きな話に聞こえますけどね。それに、たとえばコンピューターの本質であり、自然法則の一種だと仮定されている「基本万能性」という言葉だって、これはelemental universalityと言うんですよね。elemental＝「エレメンタル」という言葉だって、西洋占星学も分類に使っている四区分分類＝「エレメント」から来ているんですから。

S：実際に、最先端の科学者の発想には、「四元素」とか「六大」とかといった宗教や思想的分類が、意外と影響しているものではあるのだが。まあ、実際には、それが空想上の産物であったとしてもね。

A：それが空想の産物でないことが、西洋占星学的アプローチによって証明されるのですよ。

S：でも、それは科学的な方法での証明ではないという点で、ほかの宗教や思想と同じだ。

Ａ：まだ言ってる。（笑）基本万能性だって、自然科学的方法論だけでは説明できず、情報学に頼るべきだとしてるんじゃないんですか？

【西洋占星学関係者の現実】

Ｓ：ちょっと前にあなたの行動で耳にしたことだが、あなたはあるフリーライターに占星学のことについて聞かれた時、適当に笑ってその場をとりつくろい、議論を放棄したそうだね。私も今まで話を聞いた限りでは、あなたがそういう態度を取るタイプだとは思えないのだが、やはりその時は説明ができなかったんじゃないのか。

Ａ：もしあなたが黒人で、今十八世紀の南部アメリカに突然行かされたら、どうしますか？「ブラック・イズ・ビューティフル！」と叫びますか？　周囲にあるのは偏見だけですよ。――相手が理論的な疑問より偏見を先行させると直感した時に、こちらも議論は放棄して相手のレヴェルに合わせてあげるぐらいのことをしてもいいでしょう。

Ｓ：しかし、彼はあなたのことを「あいつもいかさまだ」と勝ち誇っていたぞ。

Ａ：いかさまな人間から、いかさま呼ばわりされることは、まっとうな人間の誇りとするところですね。

Ｓ：私は、あなたから議論ができる人間と見なされたわけだ。

Ａ：それもそうですし、この対談が出版されたら、心ない多くの質問から、私も少しは解放されるかもしれませんからね。「本をよく読んでから来てください」と言えますから。こうした時間の無駄は、できれば一度で終わりにしたいところです。

Ｓ：あなたは、霊能力とか予知能力とかを信じるのか。

Ａ：ないという証拠がないからあるのだという論法は使いたくないのですが、複数の観察者に共通に確認されればあるのだという論法もまた、勘弁して欲しいところですね。「信じるか」と聞かれれば、信じてないですが。

Ｓ：あなたは「信じる」という言葉は嫌いみたいだからね。

Ａ：職業病かもしれませんね。いまのところ自分に不要な情報のようなので、探究しないだけです。ただ、この分野におけるたくさんのデータを扱うにつれて、特殊な第六感的能力が存在しないと考えるにはあまりに無理があるということになってしまっています。でも、その資料を公開するのは、ちょっと一般読者には刺激的すぎるでしょうから、ここではやめときましょう。（笑）おそらく、こうした能力は、私自身も使ってないわけではないと思います。ただ、有効な情報だと感じる人が探究するのが一番ですからね。

Ｓ：それにしても、ひどい人生を送る占い師は多いね。あれを見ていると、自分の占いもできないのかと言いたくなるね。

Ａ：医者の不養生という言葉もありますが、それはさておき、病気を治せる医者が自分がその病気にかかったって、何の不思議もないんじゃないですか。

Ｓ：私が言っているのは、それだけの消極的な意味ではなくて……。

Ａ：分かってますよ。確かに、占い師は、よほどの覚悟がない限り、人様から多額のお金を取って個人的に占うのはやめたほうがいい。身体によくない。「何か」を受けてしまうことは、間違いがないですから。

Ｓ：それでは、あなたの論もすでに魑魅魍魎の精神界に片足を突っ込んでいることになるよ。

Ａ：でも、無視していれば安全域にいられるという種類のものでもありませんしね。それに、科学が複雑系の彼方に見つけようとしているものだって、今のところ似たり寄ったりでしょう。

【科学ではない理論体系としての西洋占星学】

S：あなたの言っていることは論理的だが、そう決定する前提には、あなたの調べた西洋占星学のデータが、芸術作品の性質と一致しているということを証明する必要がある。それができればね。

A：いや、それはすでに、あなたにお見せした第一部「芸術と西洋占星学」を読んで分からなければ難しいでしょう。科学者は、ツバメの本能一つ解明できないんだから。

S：じゃあ、分からない人には、ないも同然だ。

A：まさに、別の宇宙と同様にね。（笑）

S：でも、あなたによれば、この二世紀間に芸術は一応のコンセンサスというステータスを得た。

A：しかし、そのことを本当に確信を持って感じている人は、あまりに少ない。芸術の価値を、自分だけで本当に判別できるところまで探究しようとしている人は、少な過ぎる。だから、これまでの間、一度も芸術と西洋占星学の両方を自信を持って理解する者が現われなかった。

S：それができたのが、あなたというわけか。

A：少なくとも、その一人でありたいですね。とにかく、本当の理解者が増えることが大切です。

S：これから増えていくんじゃないか。

A：本当に、そう願いたいですよ。それから、一部の科学者の方々は、過去の科学教に対する固定観念が取れるようになるといいですね。何せ、迷信的な人が多いみたいですから。一刻も早く、その水準から脱することを祈っていますよ。二十一世紀も、もうすぐそこまで来ているんですから。

（了）

あとがき

二十世紀は、科学がさまざまな領域でめざましい業績を生み、私たちがその恩恵に浴するとともに、またその問題点についてもはっきりと認識した世紀であった。そして、これは科学自体が良かったとか悪かったとかというよりも、絶え間なく発展を続けるこの学問体系を、その内外から概括して捉える者の人口が、結局、驚くほど少なかったことに、大きく因っている。専門化(specialization)と概括化(generalization)は、人間の思考において、一つの軸で結ばれた二つの車輪のようなものであったはずだ。しかし、めざましい専門化の一方で、それらを概括する努力は、どうしても疎かになりがちだった。科学者たちはこの問題に気づき、社会科学系や人文科学系の諸分野との幅広い交流を求め始めた。それでもなお、現在までにこれらは円滑に行われているとは言い難い。

この本は、そうした各分野を概括する一つの試みでもある。完成した本書の内容は、筆者の願いとは相反して、多少なりとも挑戦的に響くかもしれない。しかし、もちろん筆者は、科学・心理学といった分野にも何ら過剰に批判的な意識を持ってはいない。筆者は、もちろんアンチ科学論者ではないし、むしろ「原爆を落とさないような科学」を願ってやまない、科学大好き人間である。したがって、どちらか一方だけを信奉している方には、この本は無用の書であろう。筆者としては、ただひたすら各分野間の調和的な融合を願うばかりである。

さて、二十一世紀には、今世紀までに完全に分裂した人間の論理と感性を、どこまで統合することが可能になるであろうか。各方面の方々のそうした努力に、この本が多少でもヒントになることを祈ってやまない。

最後に、この本の編集・出版にあたって、ネット上において先端科学に関する筆者の度重なる質問に熱心に答えてくださった科学者の岡義之氏、そして筆者の話を聞いて快く出版を承諾してくださった国書刊行会代表の佐藤今朝夫氏ならびに編集の畑中茂氏に深く感謝を申し上げて、筆を擱きたい。

二〇〇〇年六月吉日

上田　享矢

主な参考文献

○西洋占星学関係　①Michel Gauquelin, BIRTH TIMES, 1983, Hill and Wang. ②Stuart Holmes, ARCTURUS AND ARTISTS, NATIONAL ASTROLOGICAL JOURNAL, 1934, p. 62. ③Liz Greene, RELATING, 1977, Weiser. ④Joan McEvars, 12 TIMES 12, 1983, ACS Pub., Inc. ⑤Paul Wright, Astrology in Action, CRCS Publications. ⑥ルネ・ヴァンダール・ワタナベ『心理分析とホロスコープ』一九九二年、実業之日本社。⑦永田久『暦と占いの科学』一九八二年、新潮選書。⑧中山茂『西洋占星術・科学と魔術のあいだ』一九九二年、講談社現代新書。⑨H・J・アイゼンク／D・K・B・ナイアス共著、岩脇三良・浅川潔司共訳『占星術――科学か迷信か』一九八六年、誠信書房。

○音楽関係　⑩アンドレ・オデール著、吉田秀和訳『音楽の形式』一九九〇年、白水社、文庫クセジュ。⑪渡邊學而『大作曲家の知られざる過去』一九九一年、丸善ライブラリー。⑬吉田秀和『LP300選』一九八一年、新潮文庫。⑭吉井亜彦『レコードを求めて／名盤300の肖像』一九七六年、三一書房。⑮シンコーミュージック編『ROCK THE BIOGRAPHY』一九九二年、シンコーミュージック。⑯Sony Magazines Annex編『GB YEAR BOOK'97～'98』一九九八年、ソニー・マガジンズ。⑰William J. Dowlding著、奥田祐士訳『ビートルソングス』一九九二年、ソニー・マガジンズ。⑱Bill Harry著、三井徹訳『ビートルズ百科全書』一九九四年、集英社。⑲田中重弘『モーツァルト・ノンフィクション』一九九一年、文藝春秋。⑳国安洋『モーツァルトの美学』一九九一年、春秋社。㉑青澤唯夫『ショパン――優雅なる激情』一九七八年、芸術現代社。㉒磯山雅『J・S・バッハ』一九九〇年、講談社現代新書。㉓アインシュタイン著、浅井真男訳『音楽における偉大さ』一九七八年、白水社。㉔青土社編『音楽の手帖シューベルト』一九八〇年、青土社。㉕ピエール・プティ著、高崎保男訳『ヴェルディ』一九七〇年、白水社。㉖メイナード・ソロモン著、徳丸吉彦・勝村仁子共訳『ベートーヴェン』(上・下)一九九三年、岩波書店。㉗河村錠一郎『ワーグナーと世紀末の画家たち』一九八七年、音楽之友社。㉘ジョゼ・ブリュイエール著、本田脩訳『ブラームス』一九八五年、白水社ソルフェージュ選書。㉙W・ヴォルフ著、喜多尾道冬訳『ブルックナー聖なる野人』一九八九年、音楽之友社。㉚桜井健二『マーラー私の時代が来た』一九八七年、二見書房。㉛寺西春雄『チャイコフスキー／大音楽家人と作品11』一九八四年、新潮文庫。㉜桑田佳祐『ロックの子』一九八七年、講談社文庫。㉝R・ヨーク著、奥田祐士訳『レッド・ツェッペリン／天国への階段』一九九二年、シンコー・ミュージック。㉞R. M. Walker著、公手成幸訳『マドンナ スーパーサクセス・ストーリー』一九九二年、JICC出版局。㉟永井雄一『尾崎伝説愛の伝道師』一九九二年、データハウス。㊱ジョン・デンズモア著、飛田野裕子訳『ドアーズ』一九九一、早川書房。

○**哲学・文学・美術関係**　㊲William James, PRAGMATISM, 1987, The Library of America. ㊳E. Kant著、篠田英雄訳『判断力批判』(上・下) 一九七九年、岩波文庫。㊴小林秀雄『近代絵画』一九六八年、新潮文庫。㊵ドニ・ユイスマン著、久保伊平治訳『美学』一九八〇年、白水社、文庫クセジュ。㊶後藤茂樹編『ロダン／ブールデル』一九七八年、集英社、現代世界美術全集5。㊷太宰治「如是我聞」一九八一年、新潮文庫『もの思う葦』(二二四―二五八頁)。

○**自然科学関係**　㊸稲永和豊『脳から見る人の性格』一九九二年、講談社ブルーバックス。㊹アイザック・アシモフ著、山高昭訳『時間と宇宙について』一九九三年、ハヤカワ文庫。㊺松田卓也・二間瀬敏史『時間の本質をさぐる』一九九二年、講談社新書。㊻治部眞里・保江邦夫『脳と心の量子論』一九九八年、講談社ブルーバックス。㊼湯浅明『親の何が子に遺伝するか』一九八四年、勁文社。㊽牧野由彦『考える遺伝子』一九九二年、思索社。㊽牧野尚彦『ダーウィンよさようなら』一九九七年、青土社。㊿A・リーバー著、藤原正彦・藤原美子共訳『月の魔力』一九九三年、東京書籍。○51 Klaus Mainzer著、中村量空訳『複雑系思考』一九九七年、シュプリンガー・フェアラーク東京。○52日本総合研究所編『生命論パラダイムの時代』一九九三年、ダイヤモンド社。○53都甲潔・江崎秀・林健司共著『自己組織化とは何か』一九九九年、講談社ブルーバックス。㊻逢沢明『複雑系は、いつも複雑』一九九七年、現代書館。○54佐治晴夫『ゆらぎの不思議』一九九七年、PHP文庫。

○**心理学関係**　○55C・G・ユング著、林道義訳『タイプ論』一九九一年、みすず書房。○56関忠文・大村政男『心理学アスペクト』一九九〇年、福村出版。○57南博編著『心理学がわかる事典』一九八四年、日本実業出版社。○58ロザムンド・シューター著、貫行子訳『音楽才能の心理学』一九七七年、音楽之友社。

○**その他**　○59「アグネス論争」を愉しむ会編『「アグネス論争」を読む』一九八八年、JICC出版局。

著者略歴

上田享矢（うえだ　きょうや）
作家・詩人・西洋占星学研究家
1961年　静岡県生まれ
立教大学大学院英米文学研究科博士前期課程修了
大学講師・ラジオ DJ を経て、現在フリー。
著書・連載多数
米国占星学協会研究会員
東洋占星術・算命学「歳位《さいい》」取得
「アート占星学」主催
⦿興味を持たれた方は、御気軽に下記に御連絡・御参照下さい。
Home Page Address 「ビジュアル・アストロロジー」
http://www.pastelnet.or.jp/users/kyoya-u/index.htm

占星学 V. S. 科学

2000年８月10日　初版第１刷発行

著者　上田享矢

発行者　佐藤今朝夫
発行所　株式会社国書刊行会
東京都板橋区志村1-13-15　郵便番号174-0056
電話　03-5970-7421（代表）
http://www.kokusho.co.jp
印刷所　明和印刷株式会社
製本所　（有）青木製本
ISBN4-336-04266-7　